GUIDE D'IDENTIFICATION DES

OISEAUX
DU QUÉBEC
ET DES MARITIMES

D0873787

GUIDE D'IDENTIFICATION DES

OISEAUX
DU QUÉBEC
ET DES MARITIMES

Textes
Jean Paquin

Illustrations
Ghislain Caron

Révision scientifique et linguistique
Philippe Blain

ÉDITIONS
MICHEL
QUINTIN

Catalogage avant publication de la Bibliothèque nationale du Canada

Paquin, Jean, 1958-

    Guide d'identification des oiseaux du Québec et des Maritimes
    [ensemble multi-supports]

    Éd. partielle de : Oiseaux du Québec et des Maritimes. c1998.
    Publ. à l'origine dans la coll.: Guides nature Quintin.
    Doit être acc. d'un disque son.
    ISBN 2-89435-269-7

    1. Oiseaux - Québec (Province) - Identification. 2. Oiseaux - Provinces
maritimes - Identification. 3. Oiseaux - Chant - Québec (Province) - Identification.
4. Oiseaux - Chant - Provinces maritimes - Identification. I. Titre. II. Titre:
Oiseaux du Québec et des Maritimes.

QL685.5.Q8P35 2004   598'.09714   C2004-940915-8

Éditrice: Johanne Ménard
Conception graphique: Standish Communications (intérieur)
                       Domino Design Communications (couverture)
Mise à jour (infographie): Céline Forget

  Patrimoine   Canadian
                    canadien   Heritage

Gouvernement du Québec – Programme de crédit d'impôt pour l'édition
de livres – Gestion SODEC

Les Éditions Michel Quintin bénéficient du soutien financier de la SODEC et du gouvernement du Canada par l'entremise du Programme d'aide au développement de
l'industrie de l'édition (PADIÉ) pour leurs activités d'édition.

ISBN 2-89435-269-7
Dépôt légal – Bibliothèque nationale du Québec, 2004
             Bibliothèque nationale du Canada, 2004

© Copyright 2004
Éditions Michel Quintin

C.P. 340
Waterloo (Québec)
Canada J0E 2N0
Tél.: (450) 539-3774
Téléc.: (450) 539-4905
Courriel : mquintin@mquintin.com

Imprimé en Chine

À ma famille et à Nicole,
en souvenir de beaux moments
passés à découvrir les oiseaux.

Jean Paquin

À Noémie...

Ghislain Caron

Remerciements

Nous tenons à remercier les personnes suivantes qui, par leur soutien ou leurs commentaires, ont apporté une précieuse collaboration à la réalisation de cet ouvrage :

Philippe Blain, David Christie, André Cyr, Normand David, Luc Goulet, Daniel Jauvin, Nicole Landry, Jacques Larivée, Johanne Ménard, Michel Quintin, Louise Salman.

Nos sincères remerciements s'adressent également aux nombreuses autres personnes grâce à qui la publication de ce livre a été rendue possible.

Ce guide, réalisé en collaboration avec l'Association québécoise des groupes d'ornithologues (AQGO), a bénéficié d'une aide financière du programme *Étalez votre science* du ministère de l'Industrie, du Commerce, de la Science et de la Technologie du Québec.

TABLE DES MATIÈRES

Oiseaux côtiers

Plongeons et Cormorans	**28**	●
Plongeon huard	**28**	1A
Plongeon catmarin	**28**	1B
Cormoran à aigrettes	**28**	2
Grand Cormoran	**28**	
Grèbes	**30**	●
Grèbe esclavon	**30**	3A
Grèbe jougris	**30**	3B
Grèbe à bec bigarré	**30**	3C
Pingouin et Guillemots	**32**	
Petit Pingouin	**32**	
Guillemot marmette	**32**	
Guillemot de Brünnich	**32**	
Mergule, Guillemot et Macareux	**34**	
Mergule nain	**34**	
Guillemot à miroir	**34**	
Macareux moine	**34**	

Cygnes, Oies et Canards

Macreuses et Arlequin	**38**	
Macreuse noire	**38**	
Macreuse brune	**38**	
Macreuse à front blanc	**38**	
Arlequin plongeur	**38**	
Eiders et Harelde	**40**	●
Eider à duvet	**40**	4A
Eider à tête grise	**40**	
Harelde kakawi	**40**	4B
Fuligules	**42**	
Fuligule à dos blanc	**42**	
Fuligule à tête rouge	**42**	
Fuligule à collier	**42**	
Fuligule milouinan	**42**	
Petit Fuligule	**42**	
Harles	**44**	●
Grand Harle	**44**	4C
Harle huppé	**44**	
Harle couronnée	**44**	

Garrots et Érismature	**46**	●
Garrot à oeil d'or	**46**	4D
Garrot d'Islande	**46**	
Petit Garrot	**46**	
Érismature rousse	**46**	4E
Cygnes et Oies blanches	**48**	●
Cygne siffleur	**48**	5A
Cygne tuberculé	**48**	
Oie des neiges (forme blanche)	**48**	5B
Oie de Ross	**48**	
Bernaches et Oies foncées	**50**	●
Bernache du Canada	**50**	6A
Bernache cravant	**50**	6B
Oie rieuse	**50**	
Oie des neiges (forme sombre)	**50**	5B
Canards barboteurs mâles 1	**52**	●
Canard noir	**52**	
Canard chipeau	**52**	7B
Canard pilet	**52**	7C
Canard colvert	**52**	7D
Canard souchet	**52**	7E
Canards barboteurs mâles 2	**54**	●
Sarcelle d'hiver	**54**	8A
Sarcelle à ailes bleues	**54**	8B
Canard d'Amérique	**54**	8C
Canard siffleur	**54**	
Canard branchu	**54**	8D
Canards barboteurs femelles 1	**56**	●
Canard noir	**56**	7A
Canard chipeau	**56**	7B
Canard pilet	**56**	7C
Canard colvert	**56**	7D
Canard souchet	**56**	
Canards barboteurs femelles 2	**58**	●
Sarcelle d'hiver	**58**	8A
Sarcelle à ailes bleues	**58**	8B
Canard d'Amérique	**58**	8C
Canard branchu	**58**	8D

Oiseaux de marais et Échassiers

Gallinule, Foulque et Râles	**62**	●
Gallinule poule-d'eau	**62**	9
Foulque d'Amérique	**62**	10
Râle de Virginie	**62**	11A
Marouette de Caroline	**62**	11B
Râle jaune	**62**	11C
Grands échassiers foncés	**64**	●
Grue du Canada	**64**	12
Grand Héron	**64**	13A
Aigrette bleue	**64**	
Aigrette tricolore	**64**	
Grands échassiers blancs	**66**	
Héron garde-boeufs	**66**	
Aigrette neigeuse	**66**	
Aigrette bleue immature	**66**	
Grande Aigrette	**66**	
Échassiers trapus	**68**	●
Butor d'Amérique	**68**	13B
Petit Blongios	**68**	13C
Héron vert	**68**	13D
Bihoreau gris	**68**	13E

Limicoles

Pluviers	**72**	●
Pluvier argenté	**72**	14A
Pluvier bronzé	**72**	14B
Pluvier siffleur	**72**	14C
Pluvier semipalmé	**72**	14D
Pluvier kildir	**72**	14E
Ibis et grands limicoles	**74**	●
Chevalier semipalmé	**74**	17A
Barge hudsonienne	**74**	15A
Barge marbrée	**74**	15B
Courlis corlieu	**74**	16
Ibis falcinelle	**74**	
Chevaliers	**76**	●
Grand Chevalier	**76**	17B
Petit Chevalier	**76**	17C
Bécasseau à échasses	**76**	18A
Chevalier solitaire	**76**	17D
Chevalier grivelé	**76**	17E

Limicoles de taille moyenne à bec court	**78**	●
Bécasseau à poitrine cendrée	**78**	18B
Combattant varié	**78**	
Maubèche des champs	**78**	18C
Bécasseau roussâtre	**78**	
Bécasseau maubèche	**78**	18D
Limicoles de taille moyenne à long bec	**80**	●
Bécassin roux	**80**	19A
Bécassin à long bec	**80**	19B
Bécassine de Wilson	**80**	20A
Bécasse d'Amérique	**80**	20B
Petits limicoles 1	**82**	●
Bécasseau sanderling	**82**	21A
Bécasseau variable	**82**	21B
Bécasseau violet	**82**	21C
Tournepierre à collier	**82**	21D
Petits limicoles 2	**84**	●
Bécasseau minuscule	**84**	22A
Bécasseau semipalmé	**84**	22B
Bécasseau d'Alaska	**84**	22C
Bécasseau à croupion blanc	**84**	22D
Bécasseau de Baird	**84**	22E
Phalaropes	**86**	●
Phalarope de Wilson	**86**	23A
Phalarope à bec étroit	**86**	23B
Phalarope à bec large	**86**	23C

Oiseaux pélagiques, Goélands et Sternes

Fou, Fulmar, et Océanites	**90**	●
Fou de Bassan	**90**	24
Fulmar boréal	**90**	
Océanite cul-blanc	**90**	
Océanite de Wilson	**90**	
Puffins	**92**	
Puffin majeur	**92**	
Puffin fuligineux	**92**	
Puffin des Anglais	**92**	
Puffin cendré	**92**	

Depuis quelques années déjà, le guide *Oiseaux du Québec et des Maritimes*, rédigé par Jean Paquin et illustré par Ghislain Caron, a acquis une enviable réputation. À sa sortie, on célébrait l'arrivée du premier guide complet regroupant exclusivement les espèces présentes dans nos régions. Encore aujourd'hui il demeure unique, et à plus d'un égard. La revue *QuébecOiseaux* en a fait sa première recommandation en ce qui concerne les guides illustrés.

Afin d'offrir aux amateurs d'ornithologie toujours plus nombreux un outil encore plus complet pour identifier les oiseaux de chez nous, les Éditions Michel Quintin sont fières de publier le présent livre-disque, qui réunit une mise à jour du volet « Identification » des *Oiseaux du Québec et des Maritimes*, avec ses rubriques claires et ses illustrations saisissantes, ainsi que les enregistrements sonores des chants et cris caractéristiques de plus de 250 espèces présentes dans nos régions. Voilà un guide de terrain qui risque de devenir indispensable, aussi bien pour l'amateur débutant que pour l'ornithologue chevronné.

Dans le guide, le lecteur trouvera des textes de Jean Paquin donnant de précieux renseignements sur les éléments d'identification propres à chaque espèce (le plumage et ses variantes, des comportements clés, la voix, l'habitat). Il pourra également consulter les plus récentes cartes de répartition des oiseaux. Quant aux illustrations de Ghislain Caron, peintre animalier reconnu, elles confèrent au guide une qualité exceptionnelle et mettent en valeur les caractéristiques spécifiques des plumages de chaque espèce.

Le disque réunit des enregistrements sonores effectués par plusieurs ornithologues connus, particulièrement Lang Elliott. Il a été réalisé avec le précieux concours de Pierre Verville comme narrateur, sous la direction de Daniel Jauvin et de Jean Paquin. Il s'agit d'un outil qui permettra d'aller encore plus loin dans la connaissance des oiseaux qui nous entourent. Nul doute que ce nouvel outil comblera bien des amants de la nature !

Michel Quintin

Ces oiseaux qui vivent près de nous

Au cœur des grandes villes, au fond des campagnes, en forêt, sur les rivières et sur les lacs, en pleine mer, partout, toujours, des oiseaux s'ébattent, témoins de l'immense capacité d'adaptation de cette classe de vertébrés. Certes, le nombre d'espèces varie d'un habitat à l'autre, la diversité biologique n'étant pas également partagée. Cependant, une chose demeure : les oiseaux sont présents partout.

L'omniprésence des oiseaux et la facilité avec laquelle on peut les voir et les entendre contribuent à leur popularité auprès d'un très vaste public. Comme certaines espèces n'hésitent pas à s'approcher de nos maisons, on peut souvent partir à la découverte des oiseaux sans guère s'éloigner du pas de sa porte. Dans le confort de son salon, on peut même observer les oiseaux qui viennent se nourrir aux mangeoires, en hiver. La curiosité aiguisée, on s'aventure par la suite dans les parcs et les bois à la recherche des espèces moins familières.

L'observation des oiseaux est un loisir peu coûteux et peu exigeant : une paire de jumelles, le présent guide sous le bras, de bonnes chaussures et des vêtements confortables, et nous voilà prêts.

Un guide conçu pour le Québec et les Maritimes

Alors que les autres guides d'identification d'oiseaux, traduits de l'américain, couvrent toute l'Amérique du Nord, ou, à tout le moins, la moitié du continent, celui-ci a été rédigé en français dans la seule perspective du Québec et des Maritimes (Nouveau-Brunswick, Nouvelle-Écosse, Île-du-Prince-Édouard). Par conséquent, on y trouve une description plus précise des aires de répartition et une caractérisation plus fine des habitats.

Ce guide décrit toutes les espèces présentes chaque année, et même plus rarement, au Québec et dans les Maritimes. Parmi les 314 espèces traitées ici, certaines nichent dans nos régions, d'autres passent seulement en migration, certaines ne viennent qu'en hiver et d'autres visitent nos eaux côtières en été.

En se limitant aux espèces présentes au Québec et dans les Maritimes, on facilite la tâche de l'observateur. Comme l'identification des oiseaux procède par élimination des espèces semblables, l'observateur n'a pas à se dépêtrer parmi une multitude d'espèces dont beaucoup sont absentes de nos régions.

Le texte est lui aussi adapté au territoire du guide. Ainsi, pour les limicoles, observés surtout en migration d'automne chez nous, on traite d'abord du plumage d'automne.

Nomenclature

Toutes les espèces du guide sont désignées selon leurs noms français, anglais et scientifique. La nomenclature française est celle établie par la Commission internationale des noms français des oiseaux dans l'ouvrage intitulé *Noms français des oiseaux du monde*, publié en 1993. Les noms anglais et scientifiques sont ceux que préconise l'American Ornithologists' Union (AOU) dans la *Checklist of North American Birds* (7e édition) et ses suppléments parus depuis. (Le nom scientifique latin est formé de deux éléments dont le premier désigne le genre auquel appartient l'espèce, le second étant propre l'espèce.)

L'identification visuelle des oiseaux

L'identification des oiseaux fait appel à plusieurs critères. L'un des plus fondamentaux étant l'habitat, on a donc choisi dans ce livre de diviser les oiseaux en deux grandes catégories : les espèces aquatiques et les espèces terrestres.

À l'intérieur de chaque catégorie, des textes de présentation accompagnent des regroupements plus ou moins nombreux d'espèces ayant des traits communs. Ces regroupements facilitent ensuite l'identification sur chaque planche, où l'on retrouve des espèces d'une même famille ou encore des espèces non apparentées mais qui partagent des traits morphologiques ou un même habitat.

Pour identifier les oiseaux, il faut les observer avec méthode, et noter mentalement la silhouette, la forme du bec, la longueur et la couleur des pattes, qui sont autant d'indices de leur identité.

Les comportements sont également révélateurs de l'identité de l'oiseau. Nage-t-il en hochant la tête comme une foulque ? Vole-t-il en planant avec aisance comme une buse, ou bat-il des ailes comme une tourterelle ? S'alimente-t-il à la nage, ou en marchant en eau peu profonde ? Grimpe-t-il sur les troncs ?

On arrive assez facilement à reconnaître du premier coup d'œil les espèces devenues familières, comme les connaissances de longue date qu'on aperçoit de loin, dans la rue.

En étudiant le guide à la maison, on se familiarise avec les espèces de nos régions, et surtout avec la façon dont elles sont regroupées.

La taille

Le guide donne la taille de chaque espèce. Il s'agit des tailles extrêmes de l'oiseau adulte, mesurées sur des spécimens étendus sur le dos, du bout du bec à l'extrémité de la queue.

Sur le terrain, un oiseau peut paraître plus petit, notamment s'il se tient la queue dressée, comme les troglodytes, par exemple. Cependant, cette indication demeure utile, car elle permet de comparer les familles, les genres et même les espèces. Notons cependant qu'il est souvent difficile d'évaluer correctement la taille d'un oiseau en l'absence de repère précis.

Les tailles indiquées sont tirées de la dernière édition de l'ouvrage de W. Earl Godfrey, *Les Oiseaux du Canada*.

Le plumage

Le plumage est certainement le critère d'identification le plus utile et le plus facile pour les espèces apparentées qui fréquentent des habitats semblables. Afin de pouvoir bien utiliser le guide à cet égard, il importe de se familiariser avec l'anatomie externe de l'oiseau, qu'on présente aux pages suivantes.

Chez les animaux et les plantes, les individus ne sont jamais identiques. En outre, chez les oiseaux, l'apparence peut varier selon l'âge, le sexe et les saisons. La plupart des oiseaux muent complètement une fois l'an, après la saison de reproduction : ils perdent graduellement leur plumage pour en acquérir un nouveau qu'ils conserveront jusqu'à la fin de l'hiver. À cette époque, ils subissent une mue partielle qui leur restitue leur plumage nuptial.

Chez bien des espèces, le mâle est différent de la femelle ; chez les autres espèces, la femelle porte la même livrée que le mâle mais son plumage est parfois plus terne. Quant à l'immature, son plumage diffère toujours de celui du mâle adulte. Par ailleurs, chez certains goélands et d'autres espèces, le plumage adulte n'est acquis qu'après plusieurs années, et les immatures présentent des plumages caractéristiques pendant plusieurs saisons. En outre, certains rapaces et hérons présentent des variantes de coloration sans égard à l'âge ni au sexe.

Tous les plumages importants pour l'identification des espèces sont illustrés dans le guide.

Enfin, dans les planches du guide, bien des oiseaux sont illustrés en vol parce qu'on les observe couramment ainsi ; le texte fait mention des caractéristiques de ces oiseaux en vol.

L'habitat

Toutes les espèces d'oiseaux ont un habitat qui les caractérise. Ce critère d'identification est très précieux, mais on a parfois tendance à le négliger. Pourtant, l'identification des oiseaux est bien plus facile quand on sait exclure de l'habitat où on se trouve les espèces qui en sont absentes. Ainsi, en été, la Grive à joues grises est aussi improbable dans l'érablière à caryer que la Grive des bois en forêt boréale. La Buse à queue rousse chasse généralement au-dessus des champs, la Buse à épaulettes, presque jamais.

Chez les espèces migratrices, l'habitat change avec les saisons ; en outre, les oiseaux sont généralement moins sélectifs hors de la saison de reproduction. Ainsi, en migration, il n'est pas rare que se côtoient dans nos parcs et nos jardins des passereaux qui arrivent de la forêt boréale avec d'autres qui nichent en forêt mixte ou décidue. En hiver, une espèce migratrice de la taïga, le Sizerin flammé, se voit aux mêmes mangeoires que le Cardinal rouge, oiseau méridional sédentaire.

Dans ce guide on présente donc l'habitat de l'espèce en été, en migration et en hiver.

Morphologie de l'oiseau

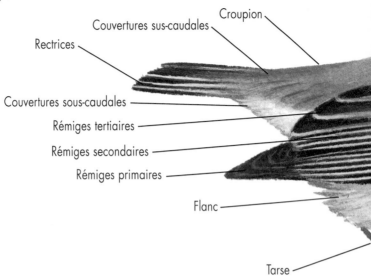

Croupion

Couvertures sus-caudales

Rectrices

Couvertures sous-caudales

Rémiges tertiaires

Rémiges secondaires

Rémiges primaires

Flanc

Tarse

Dessous de l'aile

Bord d'attaque

Poignet

Couvertures sous-alaires

Axillaires

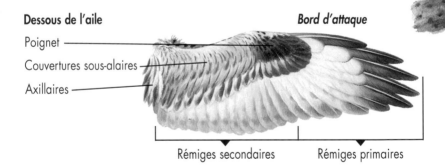

Rémiges secondaires

Rémiges primaires

Dessus de l'aile

Poignet

Alula

Scapulaires

Couvertures sus-alaires

Miroir

Rémiges tertiaires

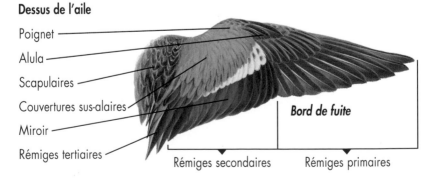

Bord de fuite

Rémiges secondaires

Rémiges primaires

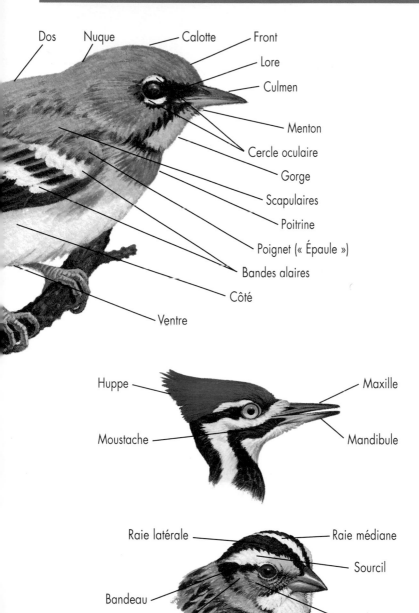

Dos   Nuque   Calotte   Front
                                Lore
                                Culmen
                                Menton
                      Cercle oculaire
                                Gorge
                                Scapulaires
                                Poitrine
                      Poignet (« Épaule »)
              Bandes alaires
              Côté
      Ventre

Huppe   Maxille
Moustache   Mandibule

Raie latérale   Raie médiane
                        Sourcil
Bandeau
                        Joue
Tache auriculaire (Oreille)

Les cartes de répartition

Tout comme l'habitat, l'aire de répartition est un critère fondamental pour l'identification des oiseaux. C'est pourquoi le guide inclut, sauf pour les espèces trop peu fréquentes chez nous, une carte de répartition qui indique l'aire de nidification, l'aire d'hivernage et les zones de présence à l'année, le cas échéant. Cette carte couvre non seulement le Québec et les Maritimes mais aussi Terre-Neuve, une partie de l'Ontario et le nord-est des États-Unis.

■ **aire de nidification**

▧ **aire d'hivernage**

▨ **présence à l'année**

(Une ligne pointillée bleue indique une limite imprécise et variable de l'aire de répartition en hiver.)

L'identification sonore des oiseaux

L'ouïe joue souvent un grand rôle dans l'identification des oiseaux. Sur le terrain, non seulement les cris et les chants permettent de localiser et de repérer un oiseau, mais pour plusieurs espèces, la voix est un critère d'identification déterminant. C'est le cas des petits moucherolles du genre *Empidonax*, notamment le Moucherolle des aulnes et le Moucherolle des saules. Ces deux oiseaux ont des plumages très semblables et il est impossible de les distinguer avec certitude s'ils ne chantent pas.

Dans la nature, bien avant de repérer un passereau avec ses jumelles, l'observateur expérimenté l'identifie souvent grâce à l'ouïe. Il s'agit là d'une habileté fort utile pour inventorier les espèces présentes dans un secteur donné. De plus, le contact sonore est souvent le seul que l'on ait avec des oiseaux nocturnes comme les hiboux ou les engoulevents. Et que dire des râles, dont la présence dans un marais n'est révélée que par des cris forts, variés et des plus mystérieux?

Les oiseaux chantent surtout au printemps et tout au long de la saison de reproduction. Pour les mâles, c'est le moyen idéal d'attirer une femelle et de proclamer la prise de possession d'un territoire. Il peut aussi s'agir d'échanges vocaux entre les partenaires d'un couple, comme chez le Cardinal rouge où mâle et femelle chantent parfois en duo.

Chez certains oiseaux, le chant est remplacé par d'autres manifestations sonores. Ainsi, le pic affirme bruyamment sa présence et revendique son territoire en martelant le tronc d'un arbre ou un toit recouvert de tôle. La Gélinotte huppée s'installe plutôt sur un arbre tombé au sol où elle tambourine avec ses ailes, produisant un son étrange qui ressemble au bruit d'un vieux moteur qui démarre. Quant aux canards, les mâles qui veulent séduire une femelle toute proche paradent souvent en émettant des cris.

Des répertoires variés

Tous les oiseaux ne sont pas doués pour les vocalises; quelques-uns émettent même des sons plutôt bizarres! Tel est le cas du Butor d'Amérique, qui émet un bruit de pompe à eau, ou du Plongeon huard qui pousse des plaintes modulées ou des rires hystériques. Par contre, certains passereaux sont pour leur part de véritables virtuoses. Il n'y a qu'à penser aux grives et aux bruants, dont les chants sont très musicaux et élaborés. À l'aube, on entend même le Pioui de l'Est entonner un chant différent du *pîî-ouii* plaintif qu'il répétera inlassablement plus tard dans la journée; l'Hirondelle bicolore et d'autres passereaux aussi chantent différemment avant le lever du soleil.

Les oiseaux émettent également une multitude de cris. Souvent, ils utilisent un cri simple pour garder le contact entre eux, notamment lorsqu'ils se déplacent dans les buissons et les arbres à la recherche de nourriture. Ils ont aussi des cris pour signaler l'imminence d'un danger.

Les passereaux émettent également un cri en volant, la nuit, au cours des migrations. Habituellement différent du cri de contact, il est fort utile pour connaître l'identité des migrateurs qui passent dans le ciel étoilé.

Apprendre les chants des oiseaux

Connaître les chants des oiseaux constitue un excellent outil supplémentaire pour les identifier. L'exercice peut sembler difficile de prime abord et certains y verront un grand défi. On peut débuter en se familiarisant avec le chant d'une espèce commune, comme ce Bruant chanteur qui chante tous les jours aux abords de la maison. On commence par apprendre le chant des oiseaux qui vivent près de chez soi, puis on élargit progressivement le terrain des découvertes, pour finir par connaître le chant de nombreux oiseaux.

Tous les chants reposent généralement sur une structure et une musicalité propre à chaque espèce, bien qu'on note parfois des variantes, voire des dialectes typiques d'une région. Toutefois, malgré son « accent régional », on peut habituellement reconnaître le chanteur.

Dans le présent guide, les chants sont parfois rendus par des onomatopées afin d'en faciliter l'apprentissage. Or, le choix de ces onomatopées est relatif à notre perception, et il ne faut pas hésiter à traduire le chant dans nos propres mots. Est-ce *tsi-tsi-tsi-tsi-tii-ouit* ou *huit huit huit pantalon huit* que fait la Paruline jaune? Ou autre chose encore? À chacun d'en décider.

En définitive, ce n'est que l'expérience sur le terrain qui permet d'acquérir une bonne maîtrise de l'identification des oiseaux par leur voix. Cependant, le recours aux enregistrements sonores constitue un moyen utile de se familiariser avec les chants et les cris des oiseaux, que ce soit avant de partir sur le terrain ou en revenant à la maison, au moment de vérifier l'identité d'un oiseau qu'on vient d'entendre.

Un disque pour identifier plus de 250 espèces

Le disque qui accompagne le présent guide vous permettra d'identifier les voix de plus de 250 espèces qui fréquentent nos régions. En écoutant ces chants, vous en apprendrez beaucoup sur les vocalises des oiseaux, ce qui rendra vos excursions encore plus fascinantes. Certaines personnes utilisent les enregistrements pour attirer des espèces difficiles à voir, mais il ne faut recourir à cette méthode qu'avec beaucoup de précautions, afin d'éviter de déranger inutilement les oiseaux. Il faut d'ailleurs s'abstenir tout à fait dans le cas d'espèces menacées.

Le disque est divisé en 99 plages et suit l'ordre de présentation des espèces dans le guide. Chaque espèce concernée est assortie d'une référence pour repérer les sons sur le disque.

Exemple :

Plongeons et Cormorans ⊙ 1-2

Plongeon huard 71-89 cm
Common Loon • *Gavia immer* • Gaviidés ● 1A

Vous trouverez à la fin du guide une liste complète de ces oiseaux et des numéros de plage correspondants sur le disque.

IDENTIFICATION DES OISEAUX

Qu'ils nichent sur la côte ou qu'ils séjournent en mer lors des migrations ou en hiver, certains oiseaux affectionnent particulièrement le milieu marin. C'est notamment le cas des plongeons, des cormorans et des alcidés, qui ont tous un plumage noir et blanc. Les grèbes, plus particulièrement le Grèbe esclavon et le Grèbe jougris, qu'on observe principalement en migration dans nos régions, fréquentent également le littoral, et hivernent sur la côte atlantique.

Plongeons et cormorans

Oiseaux aquatiques de grande taille qui courent sur l'eau à l'envol. À l'aise dans l'eau, les plongeons nagent souvent à demi submergés ; ils plongent de la surface ou se laissent couler, utilisant leurs pattes comme gouvernail sous l'eau. Leurs pattes sont placées à l'arrière du corps, ce qui rend leur démarche laborieuse au sol. Le Plongeon huard ne sort d'ailleurs de l'eau que pour se rendre dans son nid, construit toujours très près. Quant au Plongeon catmarin, c'est le seul à pouvoir s'envoler à partir du sol. Chez les plongeons, l'immature de première année ressemble à l'adulte en hiver.

Les cormorans sont aussi d'excellents nageurs et plongeurs. Ils plongent de la surface et se dirigent sous l'eau à l'aide de leurs pattes et parfois de leurs ailes. Les cormorans se tiennent souvent le corps droit et les ailes à demi ouvertes, pour faire sécher leurs plumes. Chez les cormorans, l'immature de première année a un plumage différent de l'adulte. Les cormorans volent en file ou en formation comme les oies.

Grand Cormoran

Grèbes

Oiseaux aquatiques sans queue apparente. Excellents nageurs, les grèbes varient leur niveau de flottaison en modifiant la quantité d'air emprisonnée dans leur plumage. Ils plongent de la surface ou se laissent simplement couler. Ils volent rarement et s'envolent laborieusement en courant sur l'eau. Les pattes aux doigts lobés sont situées loin à l'arrière du corps, ce qui gêne leur locomotion sur la terre ferme, où ils sont rarement observés. Le plumage des adultes change en hiver, et les jeunes en duvet sont généralement rayés noir et blanc.

Alcidés

Oiseaux aquatiques trapus, au plumage noir et blanc, le pingouin, les guillemots, le mergule et le macareux sont d'excellents nageurs qui se déplacent sous l'eau en battant des ailes. Leur envol est très laborieux et s'effectue au prix d'une longue course à la surface de l'eau ; les ailes battent très rapidement et donnent l'impression qu'elles sont trop petites pour l'oiseau.

Rares en eau douce, les alcidés vivent en mer et ne viennent à terre que pour s'y reproduire. Sur les sites de nidification, ils se perchent debout sur des rochers parce que leurs pattes sont placées loin à l'arrière du corps. Ils quittent les abords de la colonie une fois les jeunes hors des nids, et gagnent le large. L'immature ressemble à l'adulte en hiver.

Grèbe à bec bigarré

Macareux moine

Grèbe esclavon

Guillemot à miroir

Plongeon huard

71-89 cm

Common Loon • *Gavia immer* • Gaviidés 1A

Grand plongeon au motif en damier sur le dos. En plumage d'été, noter le collier incomplet et le cou foncé. En hiver, la joue, la gorge et le devant du cou sont blancs; le blanc semble entailler le cou. Lorsque l'oiseau nage, il tient son gros bec bien droit, à l'horizontale, contrairement aux cormorans qui nagent habituellement le bec relevé. Sexes semblables. En vol, noter le cou affaissé de l'oiseau. **Voix**: Cris forts et variés émis souvent en vol: trémolos, plaintes modulées et rires hystériques. **Habitat**: Niche sur les grands lacs d'eau douce où la végétation est peu abondante; hiverne en mer, près des côtes, où certains individus non reproducteurs passent l'été.

Plongeon catmarin

61-69 cm

Red-throated Loon • *Gavia stellata* • Gaviidés 1B

Petit plongeon au bec fin et retroussé. En hiver, la face et la gorge sont blanches tandis que le cou, foncé derrière et blanc devant, ne présente pas le motif formant entaille du Plongeon huard. En été, la tête et le côté du cou sont gris et une tache rousse orne la gorge; le dos est assez uniformément foncé. Sexes semblables. En vol, noter les battements d'ailes rapides. **Voix**: Normalement silencieux en migration et en hiver; émet un cri plaintif en période de reproduction ainsi qu'un *kwouk* répété en vol, qui ressemble à un caquetage de canard. **Habitat**: Observé principalement en migration et en hiver, surtout près des côtes; quelques individus passent à l'intérieur des terres en automne. Niche sur des petits étangs d'eau douce ou des lacs côtiers, parfois sur des lacs situés à l'intérieur des terres.

Cormoran à aigrettes

73-89 cm

Double-crested Cormorant • *Phalacrocorax auritus* • Phalacrocoracidés 2

Grand oiseau noir avec une poche gulaire orange et des aigrettes noires peu visibles. Le bec fin, crochu au bout, est généralement relevé lorsque l'oiseau nage, le corps à demi submergé. Sexes semblables. L'immature de 1ʳᵉ année a le devant du cou et la poitrine plus pâles que le ventre, contrairement au Grand Cormoran immature, où c'est l'inverse. En vol, la queue relativement longue et le long cou légèrement replié distinguent ce cormoran des autres gros oiseaux foncés. **Voix**: Généralement silencieux; émet des grognements rauques et graves près du nid. **Habitat**: Niche en colonies dans les arbres et sur les falaises, autant en eau douce qu'en eau salée.

Grand Cormoran

86-101 cm

Great Cormorant • *Phalacrocorax carbo* • Phalacrocoracidés

Cormoran de grande taille des côtes de l'Atlantique, au bec plus fort que le Cormoran à aigrettes. En plumage nuptial, la poche gulaire est bordée d'une large bande blanche et les flancs sont marqués de blanc. Sexes semblables. L'immature de 1ʳᵉ année a le cou et la poitrine plus foncés que le ventre. En vol, noter la tache blanche sur le flanc de l'adulte en plumage nuptial et le ventre pâle de l'immature. **Voix**: Généralement silencieux en mer; émet des grognements rauques et gutturaux près du nid. **Habitat**: Niche en colonies sur des falaises côtières; exceptionnel à l'intérieur des terres.

été

été

hiver

Plongeon huard

hiver

été

hiver

Plongeon catmarin

adulte

1re année

Cormoran à aigrettes

Grand Cormoran

adulte

1re année

Plongeons

Cormorans

Grèbe esclavon

32-38 cm

Horned Grebe • *Podiceps auritus* • Podicipédidés 3A

En plumage d'hiver, petit grèbe noir et blanc dont la calotte noire contraste nettement avec le côté blanc de la face. L'oeil est rouge en toutes saisons. En plumage nuptial, le cou est roux et la tête est ornée d'aigrettes jaunes. Sexes semblables. Rarement observé en vol ; noter cependant les plumes secondaires blanches. **Voix :** Silencieux en migration et en hiver ; émet un trille strident sur les lieux de nidification. **Habitat :** Observé en eau douce ou salée en migration ; hiverne près des côtes. Niche sur les petits étangs où il y a de la végétation émergente.

Grèbe jougris

46-52 cm

Red-necked Grebe • *Podiceps grisegena* • Podicipédidés 3B

Le plus gros grèbe du nord-est du continent. En hiver, le long cou est grisâtre et il y a une marque blanche sur le côté de la tête. En plumage nuptial, la tache blanche qui couvre la joue et la gorge, et le marron du cou caractérisent l'espèce. Ce grèbe se voit surtout en migration ; plusieurs individus ont alors un plumage intermédiaire entre celui d'été et celui d'hiver : la tache sur la joue est plus ou moins nette et le marron du cou est plus ou moins étendu. Le bec jaune est long et fort, ce qui permet de le distinguer de loin du Grèbe esclavon. Sexes semblables. Rarement observé en vol ; noter cependant le blanc sur les secondaires et la bande blanche bien visible à l'épaule. **Voix :** Cris variés et forts émis sur les lieux de nidification. Produit aussi un *crîk-crîk* sonore. **Habitat :** Observé principalement en migration, sur divers plans d'eau, autant à l'intérieur des terres que sur la côte. Hiverne près des côtes ; niche en eau douce sur les lacs peu profonds.

Grèbe à bec bigarré

31-38 cm

Pied-billed Grebe • *Podilymbus podiceps* • Podicipédidés 3C

Petit grèbe brunâtre, au bec pâle marqué d'une ligne noire verticale en plumage nuptial. Le menton et la gorge sont aussi marqués de noir. En plumage d'hiver, le noir du bec a disparu, et le menton et la gorge sont blancs. En été, le juvénile est rayé de noir et nage souvent à proximité des adultes. Le premier hiver, l'immature a la gorge plus terne que l'adulte. Sexes semblables. Rarement observé en vol ; noter les ailes uniformément foncées. **Voix :** Cri fort, *couc couc cou cou cou cou cou cou-oup-cou-oup*, qui permet d'ailleurs de repérer facilement l'oiseau sur les lieux de nidification. **Habitat :** Niche par couples isolés sur les lacs peu profonds, les étangs d'eau douce et les marais où poussent des plantes émergentes.

Grèbe esclavon

hiver

été

Grèbe jougris

hiver

été

immature

Grèbe à bec bigarré

hiver

été

juvéniles

Petit Pingouin
Razorbill • *Alca torda* • Alcidés

40-47 cm

La grosse tête, le bec fort et la queue souvent retroussée lorsque l'oiseau nage permettent d'identifier cet alcidé, même de loin. De plus près, noter la fine ligne blanche verticale sur le bout du bec et le trait blanc qui relie l'oeil à la base du bec en plumage nuptial. L'oeil très petit est difficile à voir. En hiver, la gorge est blanche et la ligne reliant l'oeil au bec est absente. L'immature diffère de l'adulte en plumage d'hiver par son bec plus petit, qui conserve la forme caractéristique de l'espèce. Sexes semblables. En vol, noter le bec fort de cet oiseau au plumage noir dessus et blanc dessous. **Voix :** Plutôt silencieux en mer ; émet de légers grognements dans les colonies où il niche. **Habitat :** Niche dans les falaises de la côte et des îles. Déserte la colonie dès que les jeunes quittent le nid. Hiverne en mer.

Guillemot marmette
Common Murre • *Uria aalge* • Alcidés

42-46 cm

Alcidé brun foncé au long cou et au bec effilé. En plumage nuptial, la tête, le cou, le dos et les ailes sont brun foncé mais l'oiseau semble noir de loin. Certains individus sont de la « forme bridée » : ils ont un cercle oculaire blanc prolongé d'une fine ligne de même couleur qui s'étend derrière l'oeil. En hiver, une ligne noire marque la joue blanche. Sexes semblables. Ressemble beaucoup au Guillemot de Brünnich qui est plus noir et dont le bec porte toujours une ligne blanche, visible de près. En vol, la forme du bec et de la tête confère un profil effilé à cet oiseau au corps foncé dessus et blanc dessous. **Voix :** Généralement silencieux en mer ; plus bruyant sur les sites de nidification, où il émet des grognements rauques. **Habitat :** Niche en colonies dans les falaises de la côte et des îles. Se tient près des falaises en période de nidification et au large en hiver.

Guillemot de Brünnich
Thick-billed Murre • *Uria lomvia* • Alcidés

43-48 cm

D'assez près, la ligne blanche sur le côté du bec identifie ce guillemot en toutes saisons. Ressemble beaucoup au Guillemot marmette mais, en hiver, le noir descend plus bas de chaque côté de la tête et il n'y a pas de ligne noire sur la joue. En été, son plumage est noir, au lieu de brun foncé comme chez le Guillemot marmette. Noter aussi la pointe blanche qui monte jusqu'au menton. Sexes semblables. En vol, oiseau noir et blanc au profil effilé à cause de la forme du bec. **Voix :** Généralement silencieux en mer, il émet des grognements rauques dans les colonies. **Habitat :** Niche en colonies dans les falaises des îles. Se voit l'été en mer près des colonies. Hiverne en mer.

Petit Pingouin

été

été

hiver

été

immature

Guillemot marmette

été

été

hiver

été

Guillemot de Brünnich

été

été

hiver

été

Mergule nain
19-23 cm

Dovekie • *Alle alle* • Alcidés

Minuscule alcidé de la taille d'un étourneau. En plumage d'hiver, le blanc de la poitrine et de la gorge s'étend jusque derrière l'oeil, où il forme un croissant. En plumage nuptial, le noir s'étend de la tête à la poitrine. La petite taille de l'oiseau n'est cependant pas toujours facile à évaluer, surtout en pleine mer. Toutefois, le mergule se distingue de tous les autres alcidés par son très petit bec, à peine visible. En été, prendre garde de le confondre avec l'immature du Petit Pingouin, également petit mais dont le bec a tout de même la forme caractéristique de son espèce. Sexes semblables. En vol, noter le battement très rapide des ailes, qui sont entièrement noires. **Voix :** Silencieux lorsqu'on l'observe en hiver ; émet des caquètements stridents sur les lieux de nidification. **Habitat :** Observé en mer à la fin de l'automne et en hiver. Hiverne en bon nombre au large de la côte du sud-ouest de la Nouvelle-Écosse. Dans l'Arctique, niche en colonies sur des escarpements rocheux ou dans les talus d'éboulis au pied des falaises, au bord de la mer.

Guillemot à miroir
31-36 cm

Black Guillemot • *Cepphus grylle* • Alcidés

Petit alcidé qui fréquente les estuaires et les baies. La grande tache blanche sur le dessus de l'aile, appelée miroir, visible autant lorsque l'oiseau nage que lorsqu'il vole, identifie l'espèce dans tous les plumages. Cet oiseau noir au bec effilé a des pattes rouges bien visibles en vol ou au sol. Le plumage est beaucoup plus blanc en hiver : seuls les ailes et le dos sont noirs. Sexes semblables. Le juvénile a le plumage de l'adulte en hiver. En vol, en toutes saisons, le dessus de l'aile est noir, marqué du miroir blanc. Le guillemot vole rapidement et demeure généralement au ras de l'eau. **Voix :** Sifflements aigus, *ssrriiiii*, émis par les adultes près des nids. **Habitat :** Le plus côtier des alcidés, observé près des côtes rocheuses en été et en hiver. Niche en petites colonies dans les cavités rocheuses des falaises et dans les talus d'éboulis.

Macareux moine
29-35 cm

Atlantic Puffin • *Fratercula arctica* • Alcidés

Avec son gros bec vivement coloré en plumage nuptial, le macareux ne ressemble à aucun autre oiseau. En plumage d'hiver et chez l'immature, le bec est plus petit et plus terne, la face est grise, mais le noir et le blanc se répartissent de la même façon qu'en été. L'immature diffère du Petit Pingouin immature par sa face grise, son col noir comme celui de l'adulte et le dessous foncé des ailes. Sexes semblables. En vol, le macareux a les pattes orange vif et un col noir ; il bat des ailes rapidement. Le dessous des ailes est toujours foncé. **Voix :** Généralement silencieux en mer ; il émet cependant un meuglement nasillard près de son nid. **Habitat :** Niche en colonies sur des îles ou dans les falaises de la côte. Hiverne surtout en pleine mer ; peu commun près des côtes en hiver.

Mergule nain

été

hiver

hiver

Guillemot à miroir

été

été

immature du Petit Pingouin

été

hiver

juvénile

hiver

Macareux moine

été

été

été

hiver

immature

Vaste famille d'oiseaux aquatiques aux coloris très divers. Grégaires en migration et en hiver, ils s'observent facilement là où ils se concentrent. Leur mode d'alimentation donne lieu à deux catégories : les plongeurs et les barboteurs.

En effet, certains canards plongent pour atteindre leur nourriture (macreuses, eiders, fuligules, garrots, harles et d'autres) alors que d'autres anatidés immergent seulement l'avant de leur corps, en culbutant, pour se nourrir en eau peu profonde (cygnes, oies et canards barboteurs).

Les plongeurs

Les canards de ce groupe se nourrissent en plongeant ; leur envol nécessite une longue course sur l'eau. Les pattes, placées loin à l'arrière du corps, leur confèrent une démarche laborieuse sur le sol.

Certaines espèces sont maritimes. Elles nichent sur le littoral ou fréquentent les côtes en migration ou en hiver : macreuses, arlequin, eiders et harelde.

Les autres genres de canards plongeurs sont les fuligules, les garrots, l'Érismature rousse et les harles. Ces derniers ont un long bec effilé et dentelé qui leur permet de capturer les poissons dont ils se nourrissent.

Harle couronné

Chez toutes ces espèces, le mâle et la femelle diffèrent par le plumage. De plus, le plumage adulte est acquis au deuxième hiver chez le mâle et le jeune mâle ressemble à la femelle.

Les barboteurs

Les barboteurs peuvent se départager en deux grands groupes selon leur taille : les cygnes et les oies d'une part, les canards barboteurs d'autre part.

Les cygnes et les oies

Chez les cygnes, les oies et aussi les bernaches, mâle et femelle sont identiques et leur plumage est le même toute l'année; le mâle n'a pas de plumage d'éclipse comme chez les canards barboteurs. De plus, les couples sont formés pour la vie.

Les cygnes sont plus gros et ont le cou plus long que les oies et les bernaches; les adultes de nos espèces sont entièrement blancs, sans noir sur les ailes comme l'Oie des neiges ou l'Oie de Ross. Les sexes sont semblables et les immatures ont un plumage brunâtre.

Cygne siffleur

Chez les oies et les bernaches, le plumage est semblable chez les deux sexes. Chez l'Oie des neiges, l'immature est plus gris que l'adulte.

Bernache du Canada

Les canards barboteurs

Les canards barboteurs s'envolent à la verticale, sans courir à la surface de l'eau. Chez la plupart des espèces, un miroir fait de plumes irisées, sur l'aile, aide à l'identification. Le plumage nuptial du mâle et celui de la femelle diffèrent; il est très coloré chez le mâle de plusieurs espèces. Vers la fin de l'été, le mâle mue et acquiert un plumage beaucoup plus terne, dit d'«éclipse», qui ressemble à celui de la femelle.

Canard souchet ♂

Chez les barboteurs, les femelles sont plus difficiles à identifier, car elles se ressemblent d'une espèce à l'autre. Nous les avons donc regroupées sur des planches à part, ce qui en facilite la comparaison. On constatera que des traits autres que le plumage, comme la forme de la marque sur le bec, permettent de les reconnaître. Finalement, le cri de la femelle, différent de celui du mâle, est lui aussi utile pour l'identification.

Canard souchet ♀ (et ses petits)

Macreuse noire
43-54 cm
Black Scoter • *Melanitta nigra* • Anatidés

Canard de mer foncé. Le mâle adulte est entièrement noir en plumage nuptial. Son bec, généralement tenu parallèle à la surface de l'eau, est orné à la base d'une protubérance orangée. Le plumage de la femelle est brun foncé, marqué d'une tache pâle à la joue et sur la gorge qui la distingue des autres macreuses femelles. L'immature ressemble à la femelle mais il a le dessous pâle. En vol, noter les rémiges pâles chez les deux sexes, et l'absence de la tache blanche de la Macreuse brune. **Voix :** Sifflement aigu chez le mâle et grognements chez la femelle. **Habitat :** Observée surtout en migration, principalement près des côtes. Niche près des lacs et des rivières de la toundra.

Macreuse brune
48-58 cm
White-winged Scoter • *Melanitta fusca* • Anatidés

La plus grosse macreuse atteint presque la taille de l'Eider à duvet. En plumage nuptial, le bout du bec du mâle est orangé. Noter également la « larme » blanche sous l'oeil. Femelle : bec large, emplumé jusqu'aux narines, et deux taches pâles, l'une sur le côté de la tête, l'autre sur la joue. L'immature ressemble à la femelle mais il est pâle dessous. La tache blanche à l'aile, autant chez le mâle que chez la femelle, n'est pas toujours visible lorsque l'oiseau nage. En vol, cette tache permet cependant d'identifier facilement l'espèce. **Voix :** Le mâle émet une note sifflée rappelant le chant d'une rainette crucifère, tandis que la femelle fait *karr*. **Habitat :** Observée surtout en migration, principalement sur la côte. Niche près des lacs ou des rivières dans le Nord.

Macreuse à front blanc
48-58 cm
Surf Scoter • *Melanitta perspicillata* • Anatidés

Le mâle en plumage nuptial est très noir et porte des taches blanches, bien nettes, sur le front et la nuque. Son bec est vivement coloré d'orange, de blanc et de noir. La femelle est brune et se distingue des autres macreuses par les deux taches blanches sur le côté de la tête. L'immature ressemble à la femelle, avec le dessous du corps pâle. En vol, noter le plumage uniformément noir du mâle, sans marque sur les ailes. **Voix :** Grognements chez les deux sexes, plutôt coulants chez le mâle. **Habitat :** Niche sur les lacs d'eau douce. Observée surtout sur les côtes, en migration et en hiver.

Arlequin plongeur
38-45 cm
Harlequin Duck • *Histrionicus histrionicus* • Anatidés

Petit canard foncé dont le mâle, marqué de taches blanches à la tête et au corps, a une allure bien particulière. Ses couleurs nuptiales ne sont appréciées que de près et sous un bon éclairage. Les trois taches blanches de chaque côté de la tête de la femelle sont caractéristiques et la distinguent notamment de la femelle la Macreuse à front blanc, plus grosse. En vol, canard au corps foncé ; le ventre est pâle chez la femelle. **Voix :** Le mâle émet un grincement nasillard, *gwa gwa gwa*, la femelle, *îk, îk, îk, îk*. **Habitat :** Niche près des torrents. Lorsque la nidification est terminée, l'espèce redescend sur la côte et fréquente les rivages rocheux.

Macreuse noire

♀

♂

♂

♀

Macreuse brune

♀

♂

♂

Macreuse à front blanc

♀

♂

♂

♀

Arlequin plongeur

♂ 1er hiver

♀

♂

♂

♀

Eider à duvet
53-71 cm

Common Eider • *Somateria mollissima* • Anatidés   4A

Gros canard noir et blanc vivant en eau salée. La disposition des plages noires sur le corps du mâle en plumage nuptial est unique à cette espèce. Le plumage de la femelle est havane et rayé de noir sur les flancs ; ces rayures ne forment pas de croissants comme chez la femelle de l'Eider à tête grise. Le front fuyant et la silhouette aplatie de la tête différencient la femelle eider du Canard noir qui fréquente également la côte. Le jeune mâle de l'Eider à duvet est brunâtre comme la femelle, mais sa poitrine est blanche. En vol, le mâle est noir et blanc ; les eiders volent généralement à la file indienne, presque au ras des vagues. **Voix :** Dès le printemps, le mâle émet un *aw-ouu-ourr* plaintif et la femelle, un *kor-r-r* guttural. **Habitat :** Commun dans l'estuaire du Saint-Laurent et sur le littoral ; hiverne en eaux libres de glace. Rare à l'intérieur des terres. Niche en milieu marin sur des îles pourvues de végétation.

Eider à tête grise
53-63 cm

King Eider • *Somateria spectabilis* • Anatidés

Plus petit que l'Eider à duvet. Avec sa bosse orange bordée de noir, le bec du mâle en plumage nuptial est spectaculaire. Le dos noir du mâle permet souvent de le repérer parmi une troupe d'Eiders à duvet. Le jeune mâle a la tête très foncée et la poitrine blanche. La femelle au plumage brun-roux et les flancs marqués de croissants, ce qui aide à la distinguer de la femelle de l'Eider à duvet. En vol, la poitrine blanche du mâle en plumage nuptial contraste avec le corps noir. Noter aussi la tache blanche restreinte à la partie antérieure de l'aile chez le mâle en plumage nuptial. **Voix :** Semblable à celle de l'Eider à duvet. **Habitat :** Passe dans le Nord-Est lors des migrations et y hiverne, près des rives de l'estuaire du Saint-Laurent et sur nos côtes. Niche en bordure des étangs dans la toundra arctique.

Harelde kakawi
43-59 cm

Long-tailed Duck • *Clangula hyemalis* • Anatidés   4B

En plumage d'hiver, le mâle ne ressemble à aucune autre espèce : il est blanc avec du noir au sommet du dos, aux ailes, à la poitrine et au côté de la tête. En plumage nuptial, le mâle est plus foncé, et le noir de la poitrine s'étend jusqu'à la tête, marquée d'une tache pâle. La queue du mâle est toujours longue et pointue. La femelle, plus foncée, n'a pas la longue queue du mâle et les marques foncées sur son plumage sont moins nettes. En hiver, le mâle immature ressemble au mâle adulte, mais il est plus terne et n'a pas la longue queue. En vol, les ailes noires contrastent avec le dessous blanc du corps du mâle en plumage d'hiver. Les kakawis volent vite et assez près de la surface de l'eau, en bandes irrégulières et compactes. **Voix :** Un *ah-ah-ahoulè* musical et nasillard, transcrit en kakawi. **Habitat :** Migrateur et hivernant assez commun dans l'estuaire du Saint-Laurent et sur la côte Est. Passe un peu à l'intérieur des terres en migration. Niche sur le littoral, ainsi qu'au bord des étangs et des lacs de la toundra.

Eider à duvet

♀
♂ 1er hiver
♂
♂
♀

Eider à tête grise

♀
♂ 1er hiver
♀
♂

Harelde kakawi

♀ été
♀ hiver
♂ hiver
♂ été
♂ été
♂ hiver
♀ hiver

Fuligule à dos blanc
48-66 cm

Canvasback • *Aythya valisineria* • Anatidés

Le profil fuyant et le corps très blanc au centre et foncé aux extrémités du mâle permettent de l'identifier d'assez loin. Le marron de la tête et du cou se voit de près. Les deux sexes ont le long bec foncé et le front fuyant, mais le cou, la tête et la poitrine sont plus pâles chez la femelle. En vol, chez le mâle, le corps blanc contraste avec la poitrine et la tête foncées. **Voix**: Croassements graves et grognements chez le mâle ; *couac* doux chez la femelle. **Habitat**: Observé en migration, surtout en eau douce.

Fuligule à tête rouge
43-58 cm

Redhead • *Aythya americana* • Anatidés

Un bon éclairage révèle le rouge de la tête du mâle et l'oeil doré de ce fuligule au corps gris. Les deux sexes ont un bec bleu au bout noir. La femelle est d'un brun plutôt uniforme. En vol, les ailes sont marquées d'une bande grise chez les deux sexes. **Voix**: Miaulement chez le mâle ; *couac* doux chez la femelle. **Habitat**: Fréquente les marais d'eau douce et les étangs peu profonds.

Fuligule à collier
38-46 cm

Ring-necked Duck • *Aythya collaris* • Anatidés

Le dos foncé et la pointe verticale blanche devant l'aile repliée permettent d'identifier aisément le mâle à distance ; son bec bleu est annelé de blanc. Noter aussi la tête anguleuse de l'oiseau. La femelle brunâtre a un anneau blanc moins contrasté au bec ainsi qu'un mince cercle oculaire. En vol, l'avant de l'aile est foncé et une bande grise marque les secondaires. **Voix**: Le mâle émet un sifflement et la femelle un ronronnement doux. **Habitat**: Niche en eau douce peu profonde, dans les tourbières et les étangs à castor. Observé aussi en eau salée.

Fuligule milouinan
43-53 cm

Greater Scaup • *Aythya marila* • Anatidés

Fuligule dont le mâle a le corps pâle. Sa tête aux reflets verts est plus ronde que celle du Petit Fuligule. La femelle est pratiquement identique à celle du Petit Fuligule et il est presque impossible de les distinguer sur le terrain. En vol, le blanc du dessus des secondaires s'étend jusqu'aux primaires, alors qu'il est restreint aux secondaires chez le Petit Fuligule. **Voix**: Quelques croassements graves. **Habitat**: En migration, fréquente les lacs, les grands cours d'eau et les côtes. Niche près de plans d'eau peu profonds.

Petit Fuligule
38-46 cm

Lesser Scaup • *Aythya affinis* • Anatidés

La tête anguleuse aux reflets violacés et la poitrine noire caractérisent le mâle, dont le dos et le côté du corps sont plus foncés que ceux du Fuligule milouinan. La femelle est pratiquement impossible à identifier avec certitude. En vol, la bande blanche sur le dessus de l'aile est restreinte aux secondaires. **Voix**: Grognements et ronronnements ainsi qu'un sifflement grave particulier au mâle. **Habitat**: Observé en migration sur les lacs et sur le littoral ; niche dans les marais du Saint-Laurent et au bord des lacs et des étangs en Abitibi.

Fuligule à dos blanc

Fuligule à tête rouge

Fuligule à collier

Fuligule milouinan

Petit Fuligule

Grand Harle

Common Merganser • *Mergus merganser* • Anatidés

53-69 cm

 4C

Grand canard plongeur au corps très blanc et à tête foncée. Le dos est noir et la tête verte chez le mâle adulte en plumage nuptial ; il n'a ni la huppe du Harle huppé mâle, ni sa poitrine rousse. La femelle grisâtre a une tête rousse qui tranche nettement avec le blanc du cou et de la poitrine, contrairement à la femelle du Harle huppé. Le bec effilé et dentelé est du même rouge que les pattes. Le jeune mâle ressemble à la femelle. En vol, noter la grande tache blanche, marquée d'une ligne noire, sur l'aile du mâle en plumage nuptial. Chez la femelle, le blanc est restreint à une zone à l'arrière de l'aile. **Voix :** Croassements graves et grinçants. **Habitat :** Observé principalement en eau douce, sur les lacs et les rivières. On le rencontre rarement en mer, sauf à l'embouchure des rivières. Hiverne régulièrement en bordure des glaces, aux endroits où l'eau ne gèle pas. Niche près des lacs et des rivières en forêt.

Harle huppé

Red-breasted Merganser • *Mergus serrator* • Anatidés

51-64 cm

Plus sombre et un peu plus petit que le Grand Harle. La huppe, le collier blanc et la poitrine foncée caractérisent le mâle adulte en plumage nuptial. La femelle est grisâtre, avec la tête et le cou roux ; le roux du cou est diffus et ne tranche pas nettement sur la poitrine comme chez la femelle du Grand Harle. Le jeune mâle ressemble à la femelle. En vol, deux lignes noires divisent la grande tache blanche de l'aile du mâle en plumage nuptial. Chez la femelle, la tache alaire est divisée par une seule ligne noire. **Voix :** Généralement silencieux. Émet des grognements et des croassements. **Habitat :** Plus fréquent que le Grand Harle en eau salée, dans l'estuaire et sur les côtes. En migration, passe aussi en eau douce. Fréquente les lacs, les rivières et le littoral en période de reproduction.

Harle couronné

Hooded Merganser • *Lophodytes cucullatus* • Anatidés

43-58 cm

C'est le plus petit de nos harles. La huppe du mâle adulte, blanche en plumage nuptial, n'est pas bien visible quand elle est abaissée. Le corps foncé contraste avec la poitrine blanche et la ligne verticale à l'avant de l'aile repliée du mâle. Le Petit Garrot mâle a également une grande tache blanche sur le côté de la tête mais il a les flancs blancs. La petite taille et la tête de forme rectangulaire à cause de la huppe distinguent la femelle de celles des deux autres harles. Le jeune mâle ressemble à la femelle. En vol, ce petit harle au corps et aux ailes foncés n'a pas les grandes taches alaires des deux autres. **Voix :** Grognements rauques et enroués. **Habitat :** Surtout en eau douce ; niche sur les lacs et les rivières en forêt et sur les étangs de castor. En migration, on l'observe dans des habitats comparables ; rare en eau salée où il fréquente surtout les endroits abrités.

Femelle et juvéniles

♂
♀
♀

Grand Harle

♂

♂
♀

♀

Harle huppé

♂

♂
♀

♀

♂

Harle couronné

Garrot à oeil d'or   41-51 cm
Common Goldeneye • *Bucephala clangula* • Anatidés   4D

Canard plongeur au-dessus du dos noir et à la tête foncée marquée d'un rond blanc chez le mâle. La femelle, grisâtre, a la tête brune et le bec sombre avec un peu de jaune au bout en été. En vol, les ailes qui battent très rapidement produisent un sifflement. Les ailes du mâle sont marquées d'une grande tache blanche. **Voix:** Chez le mâle, en paradant, un *pî-ik*. La femelle émet un *graa* rauque. **Habitat:** Niche près des lacs et des rivières aux rives boisées. Passe en migration sur divers plans d'eau; hiverne dans les eaux côtières et les eaux douces.

Garrot d'Islande   41-52 cm
Barrow's Goldeneye • *Bucephala islandica* • Anatidés

La tache noire ramifiée, à la base de l'aile repliée, caractérise le mâle en plumage nuptial, qui a également le dos noir et les scapulaires ornées de rectangles blancs. Sa tête foncée est ornée d'un croissant blanc. La femelle est grisâtre et ressemble beaucoup à celle du Garrot à oeil d'or mais son dos et sa tête sont plus foncés. Elle s'en distingue aussi par le front plus abrupt et le bec plus petit, tout jaune en été. Le premier hiver, le mâle ressemble à la femelle. En vol, la tache blanche à l'aile est traversée par une ligne noire chez les deux sexes. Noter aussi le sifflement produit par les ailes. **Voix:** Grognement doux pour le mâle, *ka-KAA*, et un *graa* rauque pour la femelle. **Habitat:** Observé en migration sur divers plans d'eau, et surtout en hiver dans les eaux salées de l'estuaire et de la côte. Niche près d'étangs ou de petits lacs aux rives boisées où il trouve des trous dans les arbres pour faire son nid.

Petit Garrot   30-38 cm
Bufflehead • *Bucephala albeola* • Anatidés

Petit canard plongeur, très blanc, avec le dessus du dos noir et la tête foncée ornée d'une grande tache blanche chez le mâle en plumage nuptial. La femelle, plus foncée, a une tache blanche ovale derrière l'oeil. Le jeune mâle ressemble à la femelle. En vol, l'aile du mâle en plumage nuptial présente une grande tache blanche. **Voix:** Le mâle émet une note brève, roulée, rappelant celle du Garrot à oeil d'or en plus aigu et plus métallique; la femelle émet un *grak* rauque. **Habitat:** Niche dans des cavités; s'observe en eau douce, près des forêts, en période de nidification. Fréquente aussi les lacs d'eau douce, l'estuaire et la côte en migration.

Érismature rousse   36-43 cm
Ruddy Duck • *Oxyura jamaicensis* • Anatidés   4E

Curieux petit canard des étangs d'eau douce rare dans nos régions: grosse tête ornée de «cornes» visibles lorsqu'il parade, grande tache blanche sur la joue et gros bec bleu chez le mâle. La queue est souvent dressée lorsque l'oiseau nage. La tache blanche est encore visible chez le mâle en plumage d'hiver. La femelle diffère du mâle en plumage d'hiver par la ligne foncée sur la joue pâle. En vol: petit canard foncé. **Voix:** Le mâle émet un gloussement complexe lorsqu'il parade, *tchik-ik-ik-ik-k-k-kurrr*. **Habitat:** Espèce de l'Ouest qu'on observe dans les marais et les étangs d'eau douce bordés de végétation émergente.

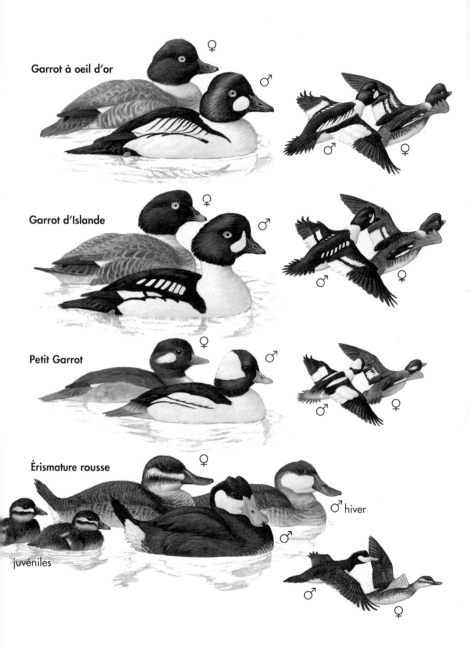

Garrot à oeil d'or ♀ ♂ ♂ ♀

Garrot d'Islande ♀ ♂ ♂ ♀

Petit Garrot ♀ ♂ ♂ ♀

Érismature rousse ♀ ♂ hiver ♂

juvéniles ♂ ♀

Cygne siffleur

121-140 cm

Tundra Swan • *Cygnus columbianus* • Anatidés   ● 5A

La grande taille et la blancheur du cygne permettent de repérer facilement cet oiseau au long cou généralement droit. Le bec est noir avec, chez certains individus, un point jaune devant l'oeil. Le mâle et la femelle sont semblables et l'immature est grisâtre, avec du rose sur le bec. En vol, noter le long cou, les ailes entièrement blanches et les pattes noires. **Voix :** Un *woua-woua-woua-woua* assez aigu, de la même tonalité que le cri de la Bernache du Canada. **Habitat :** Niche dans la toundra ; passe en migration dans nos régions, surtout au printemps, alors qu'il fréquente les champs inondés et différents plans d'eau.

Cygne tuberculé

147 cm

Mute Swan • *Cygnus olor* • Anatidés

Cygne gracieux au cou arqué caractéristique, originaire d'Eurasie. Le bec orange, surmonté d'une protubérance noire à sa base, pointe habituellement vers le bas. Sexes semblables. Le juvénile est plus brun que l'adulte. L'espèce se distingue assez facilement du Cygne siffleur, qui nage le cou bien droit et qui a le bec noir, sans protubérance. En vol, les ailes entièrement blanches émettent un son caractéristique. **Voix :** Habituellement silencieux, il émet quelques grognements à l'occasion. **Habitat :** Ce cygne est élevé en captivité dans les parcs et les jardins. Des individus qui se sont échappés vivent maintenant à l'état sauvage dans certaines régions.

Oie des neiges (forme blanche)

64-76 cm

Snow Goose • *Chen caerulescens* • Anatidés   ● 5B

Les grands voiliers d'oies signalent habituellement le retour du printemps dans nos régions. Oie blanche aux primaires noires. Noter le « sourire » caractéristique sur le côté du bec rose. Sexes semblables. La tête est souvent teintée de rouille par la terre ferreuse des marais où l'oie se nourrit en migration. L'immature est grisâtre et se reconnaît facilement parmi les adultes lors de la migration automnale. En vol, les primaires noires de l'oiseau sont caractéristiques. **Voix :** Un aboiement nasal : *whouak*. **Habitat :** Niche dans l'Arctique ; s'observe principalement en migration dans nos régions dans les marais à scirpe et, de plus en plus souvent, dans les champs. Fréquente aussi les marais à spartine des régions côtières.

Oie de Ross

53-58 cm

Ross's Goose • *Chen rossii* • Anatidés

Plus petite que l'Oie des neiges avec laquelle on l'observe généralement, l'Oie de Ross est à peine plus grosse qu'un Canard colvert. Le bec est petit et n'a pas le « sourire » de l'Oie des neiges ; de près, il est possible d'en voir la base verruqueuse. Sexes semblables. L'immature est plus grisâtre. En vol, noter les primaires noires bien visibles. **Voix :** Un aboiement plus aigu que celui de l'Oie des neiges. **Habitat :** Niche dans la toundra arctique ; se voit en migration, au printemps et en automne, parmi les Oies des neiges avec lesquelles elle s'alimente dans les champs et les marais.

Cygne siffleur

immature

adulte

Cygne tuberculé

adulte

immature

Oie des neiges

adulte

immature

Oie de Ross

adulte

Oie des neiges

Oie de Ross

Bernache du Canada
Canada Goose • *Branta canadensis* • Anatidés

56-102 cm
● 6A

C'est la mieux connue des oies du Nord-Est. La tache blanche du menton et de la joue est caractéristique. Le long cou noir tranche avec la poitrine pâle. Sexes semblables. La taille varie beaucoup d'une sous-espèce à l'autre. En vol, les ailes sombres, les sous-caudales blanches et le croissant blanc sur le croupion sont caractéristiques. **Voix :** Chez le mâle, le cancanement grave et bisyllabique *a-honk* fait penser à un aboiement ; la femelle a un cri plus aigu et monosyllabique : *hink*. **Habitat :** S'alimente dans les champs inondés et les marais en migration ; niche surtout dans les tourbières boréales, sur les lacs et les étangs d'eau douce ainsi que dans la toundra arctique.

Bernache cravant
Brant • *Branta bernicla* • Anatidés

58-76 cm
● 6B

Petite bernache des bords de mer, au corps à peine plus gros que celui d'un canard. La tête, le cou et la poitrine sont noirs, sans la joue blanche caractéristique de la Bernache du Canada. Noter aussi la petite marque blanche, rayée de noir, sur le cou de l'adulte. Sexes semblables. En vol, les ailes sombres et le cou noir tranchent avec le dessous pâle du corps de l'oiseau. **Voix :** Émet un cri guttural distinctif : *kr-r-r-rônk*. **Habitat :** Niche à proximité de l'eau dans la toundra arctique et passe en migration dans nos régions, surtout sur les côtes et le long de l'estuaire. Plus tardive au printemps que la Bernache du Canada.

Oie rieuse
Greater White-fronted Goose • *Anser albifrons* • Anatidés

66-76 cm

Seule oie avec une marque blanche bien visible autour du bec. Oie brunâtre de taille moyenne avec un bec rose, sauf chez la race du Groenland où il est orange. Le ventre est marqué de noir et les pattes sont orangées. Sexes semblables. Les immatures n'ont pas le blanc autour du bec. En vol, noter la tache blanche en forme de U sur le croupion de l'oiseau. **Voix :** Un *lia-liok*, aigu et répété en chœur. **Habitat :** Migrateur rare, cette oie passe habituellement avec les bandes d'oies et de bernaches au printemps et à l'automne. Niche près des lacs et des rivières dans la toundra arctique.

Oie des neiges (forme sombre)
Snow Goose • *Chen caerulescens* • Anatidés

64-76 cm
● 5B

Oie foncée à la tête et au cou blancs. On retrouve plusieurs formes de coloration, les parties brunes étant plus ou moins étendues. L'ampleur du blanc sur la tête et le cou varie beaucoup avec l'âge de l'oie. En vol, on repère facilement cette oie parmi les oies blanches. Noter aussi le bleuté de la partie antérieure de l'aile. **Voix :** Le même aboiement nasillard que l'Oie des neiges de la forme blanche : *whouak*. **Habitat :** Observée dans le même type d'habitat que l'Oie des neiges de la forme blanche avec qui on la retrouve. Elle est observée principalement en migration dans nos régions : dans les marais à scirpe, et, de plus en plus souvent, dans les champs. Fréquente aussi les marais à spartine des régions côtières.

Bernache du Canada

Bernache cravant

Oie rieuse

de la taïga

du Groenland

du Groenland

du Groenland

Oie des neiges

forme sombre

immature

Canard noir
American Black Duck • *Anas rubripes* • Anatidés

53-61 cm

Le plus foncé des canards barboteurs. Brun chocolat, presque noir à distance, avec la tête plus pâle. C'est notre seule espèce de canard barboteur chez qui les sexes sont semblables (sauf pour la couleur du bec, jaunâtre chez le mâle et vert chez la femelle). En vol, le dessous blanc de l'aile contraste nettement avec le corps foncé. Le miroir violet est bordé de noir. **Voix :** Kouèk grave et nasal ainsi qu'un sifflement doux comme chez le Canard colvert. **Habitat :** C'est le canard commun des marais de l'estuaire du Saint-Laurent et des côtes des Maritimes. Fréquente aussi les marais d'eau douce, les tourbières, les rivières et les lacs.

Canard chipeau
Gadwall • *Anas strepera* • Anatidés

46-56 cm
◉ 7B

Le corps grisâtre, noir à l'arrière, caractérise le mâle en plumage nuptial. Ce canard un peu plus petit que le colvert a les parties supérieures grises et le ventre blanc. En vol, le blanc du miroir identifie l'espèce. **Voix :** Bik grave, ainsi qu'un cri sifflé. **Habitat :** Ce canard est surtout observé en eau douce, y compris dans les étangs artificiels ou aménagés.

Canard pilet
Northern Pintail • *Anas acuta* • Anatidés

66-76 cm
◉ 7C

Élégant canard au corps élancé, le pilet est caractérisé, chez le mâle en plumage nuptial, par une longue queue pointue et un long cou. Le blanc de la poitrine et du cou se termine en pointe sur le côté de la tête. En vol, le long cou et la queue pointue le distinguent des autres canards barboteurs. **Voix :** Sifflement grave en deux parties distinctes : *proup-proup*. **Habitat :** Recherche souvent sa nourriture dans les champs de chaume au printemps. Il fréquente les étangs et les marais, d'eau douce et d'eau salée.

Canard colvert
Mallard • *Anas platyrhynchos* • Anatidés

50-69 cm
◉ 7D

C'est le plus connu des canards. En plumage nuptial, le mâle a la tête verte, séparée de la poitrine marron par un mince collier blanc. Le bec jaune, le corps grisâtre et les rectrices centrales noires et frisées de la queue le caractérisent également. En vol, le miroir bleu bordé de deux lignes blanches est distinctif. Noter aussi le bout blanc de la queue. **Voix :** Kouèk grave et nasal ainsi qu'un sifflement doux. **Habitat :** Fréquente les milieux humides et les habitats les plus variés. Devenu très commun dans l'Est, il s'hybride souvent avec le Canard noir.

Canard souchet
Northern Shoveler • *Anas clypeata* • Anatidés

43-53 cm
◉ 7E

Le bec en forme de cuillère caractérise cet oiseau dans tous les plumages. En plumage nuptial, le mâle a la tête verte, la poitrine blanche et le flanc roux. En vol, le miroir est vert et l'avant de l'aile est bleu, comme chez la Sarcelle à ailes bleues qui est plus petite et n'a pas le bec aussi long. **Voix :** Monk-monk grave. **Habitat :** S'observe dans les marais et sur les étangs.

Canard noir

♂

C. noir

♀

C. chipeau

♂

♀

Canard chipeau

♂

Canard pilet

♂

C. pilet

♂

♀

C. colvert

♂

Canard colvert

♀

Canard souchet

♂

♀

♂

C. souchet

Sarcelle d'hiver
Green-winged Teal • *Anas crecca* • Anatidés

37 cm
⊙ 8A

Le plus petit canard barboteur du Nord-Est. La ligne verticale blanche sur le côté du corps du mâle en plumage nuptial permet de l'identifier de loin sur l'eau. Chez la sous-espèce européenne, cette ligne est horizontale, et placée dans l'aile. En plumage nuptial, le mâle a la tête marron, avec une tache verte. En vol, noter le miroir vert et l'aile foncée. **Voix :** Sifflement court et doux, répété plusieurs fois, ressemblant au chant de la rainette crucifère : *pip-pip*. **Habitat :** Étangs et marais. En migration, passe souvent sur la côte et dans l'estuaire.

Sarcelle à ailes bleues
Blue-winged Teal • *Anas discors* • Anatidés

36-41 cm
⊙ 8B

Petit canard barboteur, facile à reconnaître de loin grâce au croissant facial blanc du mâle. En plumage nuptial, le mâle a la tête et le haut du cou gris acier ainsi que le corps brun et tacheté. En vol, on voit le miroir vert et l'avant de l'aile bleu. **Voix :** Sifflement ténu : *tsip-tsip*. **Habitat :** Marais et étangs d'eau douce ; rare en eau salée.

Canard d'Amérique
American Wigeon • *Anas americana* • Anatidés

46-56 cm
⊙ 8C

La tête grise marquée de vert du mâle en plumage nuptial porte une tache blanche sur le front et le dessus de la tête. En vol, la large bande blanche de l'aile devant le miroir est distinctive. Noter aussi le contraste entre le ventre blanc et la poitrine foncée ainsi que les aisselles blanches et non foncées comme chez le Canard siffleur. **Voix :** Un *whî whî, whî-whîou* sifflé. **Habitat :** Se nourrit souvent dans les champs ; niche en eau douce en bordure des étangs et des lacs. Se voit aussi sur le littoral en migration.

Canard siffleur
Eurasian Wigeon • *Anas penelope* • Anatidés

43-51 cm

Espèce apparentée au Canard d'Amérique. Une tache beige couvre le front et le dessus de la tête rousse du mâle en plumage nuptial. La poitrine est rosée et le corps, plutôt grisâtre. En vol, ce canard arbore une large bande blanche à l'avant du miroir ; le mâle et la femelle ont les aisselles foncées et non blanches comme chez le Canard d'Amérique. **Voix :** Un *whîn whî-whîou* sifflé. **Habitat :** Visiteur de plus en plus régulier au printemps. Se tient généralement en compagnie de Canards d'Amérique, dans leur habitat.

Canard branchu
Wood Duck • *Aix sponsa* • Anatidés

43-53 cm
⊙ 8D

Canard très particulier. Le motif blanc de la face du mâle est distinctif dans tous les plumages. En plumage nuptial, noter l'oeil rouge, la huppe vert bouteille et les plumes irisées du mâle. En vol, on remarque la queue carrée, la grosse tête et le bec pointé vers le bas. **Voix :** Un sifflement très doux : *pfuit pfuit*. **Habitat :** Niche dans des trous d'arbres. Fréquente les forêts inondées, les étangs ainsi que les rivières bordées d'arbres. Se perche dans les arbres.

Sarcelle d'hiver

d'Eurasie

♂

S. d'hiver

♂

♀

Sarcelle à ailes bleues

♂

S. à ailes bleues

♂

♀

♂

♂

Canard d'Amérique

C. d'Amérique

♀

Canard siffleur

♂

♂

♀

C. branchu

C. siffleur

Canard branchu

♂

♀

Canard noir

54-61 cm

American Black Duck • *Anas rubripes* • Anatidés 7A

Grosse cane très foncée. La femelle a le même plumage chocolat que le mâle, ce qui la différencie de loin des autres canes. Noter le bec verdâtre marqué d'une tache sombre dessus. En vol, s'identifie au dessous blanc des ailes, contrastant avec le reste du corps et le miroir violet. **Voix :** Un *coin coin-coin-coin, coin coin-coin-coin*, croissant puis décroissant comme chez la cane colvert. **Habitat :** Niche dans les milieux où la végétation ligneuse est présente ; observée avec ses petits dans les marais d'eau douce ou d'eau salée.

Canard chipeau

46-56 cm

Gadwall • *Anas strepera* • Anatidés 7B

Cette cane brunâtre au corps tacheté ressemble beaucoup à la femelle du colvert. De près, noter le bec orangé, au bout plus effilé, et marqué d'une bande noire sur toute la longueur et non d'une simple marque en travers. En vol, le miroir blanc et le ventre de même couleur identifient l'espèce. **Voix :** Plus aigu que le cri de la cane colvert : *gag-ag-ag-ag-ag*. **Habitat :** Niche dans l'herbe en terrain sec près de l'eau où elle s'observe avec ses petits durant l'été.

Canard pilet

51-61 cm

Northern Pintail • *Anas acuta* • Anatidés 7C

Le long cou et la queue allongée de cette femelle lui confèrent une silhouette élégante caractéristique ; la tête et le cou sont plus pâles que le corps. En vol, noter le miroir brun, la silhouette allongée et la mince ligne blanche de la bordure arrière de l'aile. **Voix :** Une série de *couac* graves et descendants, mais plus faibles que chez la cane colvert. **Habitat :** Niche dans les champs ; elle accompagne par la suite ses canetons sur les étangs d'eau douce.

Canard colvert

50-69 cm

Mallard • *Anas platyrhynchos* • Anatidés 7D

Cane brunâtre de forte taille. La couleur du bec la distingue de la femelle du chipeau. Chez la cane colvert, le bec est large et orangé, marqué d'une tache noire en travers sur le dessus et non d'une ligne noire sur toute la longueur comme chez la femelle du chipeau. En vol, deux lignes blanches délimitent le miroir bleu. **Voix :** Un *coin coin-coin-coin, coin coin-coin-coin*, croissant puis décroissant. **Habitat :** Niche dans les champs, généralement près de l'eau où la femelle conduit ses canetons après l'éclosion.

Canard souchet

43-53 cm

Northern Shoveler • *Anas clypeata* • Anatidés

Le gros bec en forme de cuillère caractérise les deux sexes et permet d'identifier la cane nageant en compagnie de ses petits. En vol, noter le bleu sur l'avant de l'aile et la silhouette particulière que lui confère son gros bec. **Voix :** Quatre ou cinq *couac* descendants ; parfois des *couac* graves. **Habitat :** Niche relativement près d'un lac peu profond, d'un marais ou d'un étang.

Canard noir

Canard chipeau

Canard pilet

Canard colvert

Canard souchet

Sarcelle d'hiver
37 cm

Green-winged Teal • *Anas crecca* • Anatidés　 8A

C'est le plus petit canard barboteur de nos régions. Le bec, plus court que celui de la Sarcelle à ailes bleues, est couvert de taches noires. Le miroir vert s'aperçoit parfois chez les oiseaux posés. En vol, noter le miroir vert et l'absence de bleu sur l'aile, qui la distinguent de la Sarcelle à ailes bleues. **Voix:** La cane émet un *hin, hin, hin-hin-hin.* **Habitat:** Niche au sol, dans l'herbe, habituellement près de l'eau. En été, fréquente les étangs et les marais en compagnie des jeunes.

Sarcelle à ailes bleues
36-41 cm

Blue-winged Teal • *Anas discors* • Anatidés　 8B

Petit canard barboteur brunâtre. La cane diffère de celle de la Sarcelle d'hiver par la taille légèrement plus grande, mais surtout par le bec plus long et plus large précédé d'une tache pâle. En vol, noter que l'avant de l'aile est bleu comme chez le Canard souchet, dont le bec est différent. **Voix:** *Ouac* aigu et nasillard. **Habitat:** Niche à proximité des étangs et des lacs en eau douce; fréquente aussi les rives herbeuses des rivières.

Canard d'Amérique
46-56 cm

American Wigeon • *Anas americana* • Anatidés　 8C

Le roux des flancs et de la poitrine distingue cette cane de toutes les autres sauf de celle du Canard siffleur, dont la tête est différente. Noter la tête ronde et grise marquée d'une multitude de petits points noirs, ainsi que le bec bleu-gris à bout noir. En vol, le devant de l'aile est blanc; les aisselles blanches la distinguent de la femelle du Canard siffleur qui les a foncées. **Voix:** *Peurrr* grave. **Habitat:** Niche en eau douce, dans les prés humides et au bord des étangs et des lacs.

Canard branchu
43-53 cm

Wood Duck • *Aix sponsa* • Anatidés　 8D

La tache blanche en forme de goutte d'eau sur l'oeil caractérise cette cane brunâtre. Noter aussi la huppe, qui est cependant moins longue que celle du mâle. En vol, la longue queue carrée lui confère une silhouette particulière. Comme le mâle, la cane vole en pointant généralement le bec vers le bas. **Voix:** *Whou-î-î-î-îk* perçant et *wik, wik.* **Habitat:** Niche dans les trous d'arbres ou les nichoirs artificiels en forêt, près de l'eau.

Sarcelle d'hiver

Sarcelle
à ailes bleues

Canard
d'Amérique

Canard
branchu

Des marais mystérieux montent souvent des sons étranges, notamment à la tombée du jour et durant la nuit. Ces milieux aquatiques abritent une avifaune diversifiée, plusieurs espèces d'oiseaux tirant avantageusement profit de ce riche habitat. Que ce soit dans les marais d'eau douce où poussent roseaux, quenouilles et une multitude de plantes submergées, tout comme dans les marais où l'eau est salée, les oiseaux sont particulièrement présents.

C'est notamment le cas des râles, hérons et aigrettes qui y nichent ou s'y alimentent. Les râles vivent dans la végétation dense, tandis que les gallinules, foulques, hérons et aigrettes fréquentent volontiers les eaux libres.

Gallinule, Foulque et Râles

Oiseaux foncés des marais, les foulques et les gallinules nagent souvent en hochant la tête d'avant en arrière. Ils sont beaucoup plus faciles à observer que les râles puisqu'ils nagent souvent en eau libre. Les foulques et les gallinules se distinguent notamment des autres oiseaux de marais par leur plaque frontale : rouge chez la Gallinule poule-d'eau et blanche chez la Foulque d'Amérique. Les foulques courent sur l'eau avant de s'envoler ; on les voit rarement en vol.

Gallinule poule-d'eau

Râle de Virginie

Furtifs, les râles se déplacent discrètement dans la végétation des marais et sont difficiles à observer ; quand on les dérange, ils s'enfuient en courant, sans voler. Ils ne volent habituellement que sur de petites distances, d'un vol lent, les pattes pendantes, et retournent rapidement se cacher dans la végétation. Les râles sont fort volubiles : ils émettent des sons un peu inusités et chantent souvent la nuit ; on les entend plus souvent qu'on ne les voit. Chez les râles, les petits ont tous un duvet noir.

Les échassiers

On regroupe ici des oiseaux aux longues pattes, au long cou et au bec pointu qui s'alimentent en eau peu profonde. À la pariade, les couleurs sont avivées chez les hérons et les aigrettes ; la coloration du bec, du lore et des pattes varie selon les saisons et, chez l'Aigrette bleue, les immatures ont un plumage blanc qui diffère du plumage foncé des adultes.

Sans parenté avec les hérons, la grue leur ressemble tout de même avec son long cou et ses longues pattes. Par contre, elle vole le cou et les pattes bien étendus, ce qui la distingue des hérons. La grue s'alimente souvent sur la terre ferme, loin de l'eau, et en migration, on peut la voir dans les champs.

Héron garde-boeufs

Grue du Canada

Grand Héron

Le butor, le blongios et le bihoreau sont plus trapus ; les jeunes ont un plumage différent des adultes au cours de la première année. Dérangés, le butor et le blongios ont tendance à demeurer immobiles, le bec pointant vers le haut. Ils tentent ainsi de se fondre à la végétation environnante afin de passer inaperçu.

Butor d'Amérique

Héron vert

Gallinule poule-d'eau
31-38 cm

Common Moorhen • *Gallinula chloropus* • Rallidés ● 9

Oiseau foncé qui nage en hochant la tête. La ligne horizontale blanche sur le flanc, le bec rouge et la plaque frontale de même couleur identifient facilement cette espèce en plumage nuptial. Sexes semblables. Le juvénile est plus terne et n'a pas le bec rouge ; la ligne blanche sur le flanc le distingue des foulques. **Voix :** Un *kek, kek, kek, kek, kek* retentissant, un *kr-r-rouk* répété ainsi qu'un *ou-èp*. **Habitat :** Niche dans les marais d'eau douce et fréquente aussi les rivières calmes en période de reproduction.

Foulque d'Amérique
33-41cm

American Coot • *Fulica americana* • Rallidés ● 10

En plumage nuptial, le bec blanc et le plumage noir ardoisé, sans ligne blanche sur le flanc, caractérisent cette espèce. Sexes semblables. Le juvénile ressemble à l'adulte mais son plumage semble délavé. **Voix :** Caquetages variés : *ka-hè, ka-hè, ha-hè, ha-hè* ; ou *ka ka ka ka ka ka ka ka* ; ou encore *kuk-kuk-kuk-kuk-kuk*. **Habitat :** Niche dans les marais d'eau douce ; la foulque se tient souvent en eau libre, loin de la végétation émergente.

Râle de Virginie
23-26 cm

Virginia Rail • *Rallus limicola* • Rallidés ●11A

Quelquefois observé alors qu'il se déplace furtivement dans la végétation, ce râle est caractérisé par un bec long et rougeâtre. Noter aussi les joues grises de cet oiseau de la taille du merle. Sexes semblables. Le juvénile a un plumage plus noirâtre que l'adulte. **Voix :** Cris variés : *kik, kidik, kidik… ouak, ouak, ouak, ouak* ascendant ou *tchi-tchi-tchi-tchi-tchirrrrr*. **Habitat :** Niche dans les parties peu profondes des marais d'eau douce, dans la végétation dense ; il fréquente parfois les marais salés.

Marouette de Caroline
20-30 cm

Sora • *Porzana carolina* • Rallidés ●11B

C'est notre rallidé le plus répandu. Chez l'adulte, noter le bec court et jaunâtre ainsi que la gorge noire ; le noir se prolonge jusque sur la poitrine. Sexes semblables. Le juvénile a le plumage plus terne et le bec court. **Voix :** *Keûr-oui* sifflé et répété, ou *huî-hî-hî-hî-hî-uuu* ascendant, sifflé et ricané. **Habitat :** Niche dans les marais d'eau douce où poussent les quenouilles ; on la retrouve aussi dans les marais salés et les prés humides.

Râle jaune
15-19 cm

Yellow Rail • *Coturnicops noveboracensis* • Rallidés ●11C

Le plus petit râle du nord-est du continent a la taille du moineau. Furtif et nocturne, il est rarement observé. Noter le bec court et jaunâtre, brun-noir chez la femelle, et le plumage jaunâtre des adultes. Sexes semblables. Le juvénile est plus foncé que l'adulte. Les taches blanches sur les secondaires caractérisent l'adulte en vol. **Voix :** Bruit sec de deux cailloux frappés l'un contre l'autre : *tic-tic, tic-tic-tic*. **Habitat :** Niche dans la partie supérieure des marais saumâtres, dans les marais d'eau douce ainsi que dans les prairies humides ; en eau douce, fréquente la végétation basse.

Gallinule poule-d'eau — adulte

juvénile

adulte

juvénile

Foulque d'Amérique — adulte

adulte

adulte

Marouette de Caroline — adulte

Râle de Virginie — juvénile

petit

juvénile

adulte

adulte

Râle jaune

Grue du Canada   86-122 cm
Sandhill Crane • *Grus canadensis* • Gruidés   ⊙ 12

Oiseau grisâtre de grande taille dont l'allure rappelle le héron, à cause des longues pattes et du long cou. L'adulte a le corps entièrement gris, le seul contraste étant offert par le rouge du front et de la calotte. Le plumage est parfois taché de roux par les substances ferreuses contenues dans la boue des terrains de nidification. Sexes semblables. Le jeune est plus terne. En vol, le cou est allongé et bien droit, ce qui distingue la grue des hérons, qui volent le cou replié. **Voix :** Le cri, très caractéristique, consiste en un *gar-o-ou* roulé et qui porte à plus d'un kilomètre. **Habitat :** Niche dans de grands marais où l'eau est peu profonde ; en été, fréquente les tourbières, les étangs, les ruisseaux et les marais côtiers ; observée aussi dans les champs et les marais en migration.

Grand Héron   108-132 cm
Great Blue Heron • *Ardea herodias* • Ardéidés   ⊙ 13A

Grand échassier au corps gris-bleu, au long cou rayé de noir et au long bec jaune et fort. La tête de l'adulte est blanche et marquée de raies noires prolongées par des aigrettes en plumage nuptial. Sexes semblables. Le dessus de la tête de l'immature est noir et dépourvu d'aigrettes. En vol, noter le long cou replié en S. **Voix :** Les cris consistent en divers croassements rauques : *frahnk, frahnk, frahnk*. **Habitat :** Niche en colonies, appelées héronnières, souvent situées dans des îles peu accessibles. Pêche souvent en eau peu profonde au bord des lacs et des rivières, ainsi qu'en eau salée, dans les zones abritées, notamment les marais et les baies. Actif autant le jour que la nuit.

Aigrette bleue   50-74 cm
Little Blue Heron • *Egretta caerulea* • Ardéidés

Petit échassier qui semble tout noir de loin ; on ne distingue le bleu foncé du corps et le pourpre du cou et de la tête de l'oiseau en plumage nuptial que sous un bon éclairage et de près. Les individus non nicheurs sont plus violacés. Les pattes sont foncées chez l'adulte et verdâtres chez l'immature (voir page 66). Sexes semblables. En vol, petite aigrette foncée qui vole le cou replié comme tous les membres de sa famille. **Voix :** Généralement silencieuse ; émet des croassements graves semblables à ceux de l'Aigrette neigeuse. **Habitat :** Visiteur occasionnel de nos marais.

Aigrette tricolore   64 cm
Tricolored Heron • *Egretta tricolor* • Ardéidés

L'adulte en plumage nuptial a la tête, le dos et les ailes foncés, qui contrastent avec le ventre blanc. En plumage nuptial, noter aussi le devant du cou blanc et les deux aigrettes blanches. Le bec long et effilé est bleuté à la base et noir au bout. Sexes semblables. En vol, le ventre blanc contraste avec le corps sombre. **Voix :** Croassements rauques. **Habitat :** Visiteur rare qui fréquente généralement les marais côtiers.

Grue du Canada

Grand Héron

Aigrette bleue

Aigrette tricolore

Héron garde-boeufs
48-51 cm

Cattle Egret • *Bubulcus ibis* • Ardéidés

Petit héron trapu au plumage complètement blanc chez l'immature et les individus non reproducteurs; le bec et les pattes sont jaunes. En plumage nuptial, le blanc est marqué de beige sur le dos, la poitrine et la calotte; noter aussi que le bec et les pattes rougissent. Sexes semblables. En vol, le cou est replié comme chez tous les hérons; noter le plumage blanc et le battement d'ailes rapide. **Voix:** Croassements rauques. **Habitat:** Souvent observé dans les pâturages où il s'alimente d'insectes dérangés par les sabots du bétail. Suit aussi, avec les goélands, les tracteurs qui labourent les champs.

Aigrette neigeuse
50-68 cm

Snowy Egret • *Egretta thula* • Ardéidés

Petite aigrette entièrement blanche aux pattes noires, dont l'adulte a les pieds jaunes. Le bec noir et effilé caractérise aussi cette espèce. Noter également le lore jaune. Chez l'immature de l'Aigrette bleue, le lore est grisâtre et le bec est plus fort. Sexes semblables. L'immature n'a pas les pieds jaunes; ses pattes sont jaune-verdâtre à l'arrière et noires devant. En vol, noter les pieds jaunes au bout des pattes noires de cet oiseau au plumage entièrement blanc qui vole le cou replié comme tous les hérons. **Voix:** Croassements graves. **Habitat:** Visiteur dans le Nord-Est, cette aigrette est généralement observée dans les marais, autant en eau douce qu'en eau salée.

Aigrette bleue immature (adulte illustré p.64)
50-74 cm

Little Blue Heron • *Egretta caerulea* • Ardéidés

Aigrette blanche de la taille de l'Aigrette neigeuse. Le plumage, qui semble complètement blanc à distance, est marqué de gris sur le bout des primaires, ce qui est visible surtout chez l'oiseau en vol. Certains immatures en mue ont par ailleurs un plumage plus ou moins maculé de bleu. Noter le lore grisâtre et non jaune comme chez l'Aigrette neigeuse, ainsi que le bec gris au bout foncé. En vol, noter le gris du bout des primaires et les pattes verdâtres. **Voix:** Généralement silencieuse; émet parfois des croassements graves semblables à ceux de l'Aigrette neigeuse. **Habitat:** Cette aigrette s'observe habituellement dans les marais d'eau douce ou salée.

Grande Aigrette
88-107 cm

Great Egret • *Ardea alba* • Ardéidés

Aigrette entièrement blanche, à peine plus petite que le Grand Héron dont elle a le profil; c'est la plus grande aigrette blanche du Nord-Est. Noter les pattes entièrement noires et le long bec jaune. Le lore est vert chez l'adulte en plumage nuptial et jaune chez l'immature. Sexes semblables. En vol, cette grande aigrette blanche dont les pattes noires dépassent la queue a la silhouette typique d'un héron. **Voix:** Croassements graves et rauques. **Habitat:** Niche en colonies en compagnie d'autres ardéidés comme le Grand Héron; s'alimente dans les marais et en eaux calmes, autant en eau douce qu'en eau salée.

Héron garde-boeufs

immature

adulte

adulte

Aigrette neigeuse

adulte

immature

adulte

adulte

Aigrette bleue

immature

adulte

Grande Aigrette

G. Aigrette

immature

adulte

Butor d'Amérique
61-86 cm

American Bittern • *Botaurus lentiginosus* • Ardéidés · 13B

Échassier trapu, couleur cognac, au dessous du corps rayé. Noter la raie noire caractéristique de l'espèce de chaque côté du cou de l'adulte. Sexes semblables. L'immature n'a pas de raies noires sur le cou. En vol, l'extrémité noire de l'aile identifie cet oiseau au dessus brunâtre. **Voix :** Bruit mystérieux de pompe à main qui monte des marais: *oun-ka-tchoung, oun-ka-tchoung, oun-ka-tchoung* répété plusieurs fois. **Habitat :** Niche dans la végétation dense des marais d'eau douce ou salée, les prés humides et les fourrés d'aulnes. Fréquente des milieux humides très divers, autant en eau douce qu'en eau salée, incluant les tourbières de la forêt boréale.

Petit Blongios
28-36 cm

Least Bittern • *Ixobrychus exilis* • Ardéidés · 13C

Petit échassier furtif de la taille d'un quiscale. Noter la calotte, le dos et la queue noirs du mâle en plumage nuptial. Chez la femelle adulte, ces parties sont brunes. Le plumage du jeune est semblable à celui de la femelle. En vol, noter le bout noir des ailes et la tache marron sur le dessus de l'aile de ce petit échassier lorsqu'il vole au-dessus du marais. **Voix :** Une suite de *cou-cou-cou-cou-cou* qui rappelle un peu le chant du Coulicou à bec noir. **Habitat :** Niche dans les marais d'eau douce à végétation dense. Vole parfois au-dessus du marais et se perche au sommet des quenouilles.

Héron vert
41-56 cm

Green Heron • *Butorides virescens* • Ardéidés · 13D

Petit héron foncé des rives boisées des lacs et des rivières. L'oiseau semble en bonne partie noir à distance mais un bon éclairage révèle les nuances de vert du dessus de la tête, du dos et des ailes. Noter aussi le cou marron, sauf sur le devant, ainsi que les pattes et les pieds jaunes. Sexes semblables. L'immature a pour sa part le dessus du corps plus brun, le dessous fortement rayé de brun et les pattes plus pâles que celles de l'adulte. En vol, petit héron foncé aux pattes jaunes. **Voix :** Un *kiouk* fort et aigu répété. **Habitat :** Souvent découvert perché sur une branche basse, surplombant l'eau. Niche principalement en eau douce, près des étangs ou des cours d'eau lents.

Bihoreau gris
58-71 cm

Black-crowned Night Heron • *Nycticorax nycticorax* • Ardéidés · 13E

Petit héron nocturne, trapu et grisâtre. Avec ses pattes courtes et son cou bref, le bihoreau a une silhouette très distincte des autres échassiers. Le dos et le dessus de la tête de l'adulte sont noirs. Noter aussi les aigrettes blanches qui partent de la tête et descendent jusqu'au dos. Sexes semblables. L'immature est brunâtre, tacheté de blanc sur les parties supérieures. En vol, les ailes sont larges et les pattes dépassent tout juste la queue. Passe souvent en vol à la fin du jour pour gagner ses lieux d'alimentation. **Voix :** Émet un *couac* sonore en vol. **Habitat :** Fréquente autant les marais d'eau douce que d'eau salée. Commun notamment sur le littoral où il chasse en bordure des marelles créées par le retrait de la marée.

Butor d'Amérique

adulte

adulte

adulte

♂

♂ **Petit Blongios**

♀

Héron vert

adulte

adulte

immature

adulte

adulte

Bihoreau gris

immature

Souvent observés alors qu'ils s'alimentent sur les rivages boueux ou dans les grandes vasières découvertes à marée basse, les limicoles, ou oiseaux de rivage, aux plumages tout en nuances, représentent un défi d'identification. Grands migrateurs pour la plupart, ces oiseaux se voient principalement alors qu'ils font halte dans nos régions le temps de refaire le plein d'énergie avant de poursuivre leur long périple. Quelques-uns nichent sous nos latitudes, parfois loin de l'eau comme la bécasse et le Pluvier kildir.

Une grande variété de plumages

Tous les limicoles ne migrent pas à la même époque, ni ne muent en même temps. Les jeunes nés durant l'été perdent leur duvet et acquièrent le plumage juvénile avant d'entreprendre la migration automnale, après les adultes qui quittent souvent les lieux de nidification de l'Arctique dès la fin de juillet. Chez l'adulte de plusieurs espèces, la mue s'effectue au cours de la migration.

Bécasseau à croupion blanc

Dans une même troupe de limicoles, il est donc possible de voir des oiseaux en plumage juvénile, d'autres en plumage d'hiver et des individus en mue, tels ces Pluviers argentés au ventre plus ou moins maculé de noir. Bref, la variété est grande et des individus de la même espèce peuvent revêtir des plumages différents. Cette diversité de plumages constitue une des difficultés de l'identification des limicoles.

Aspect et cris

La taille et la silhouette sont utiles pour distinguer les espèces. En regroupant les oiseaux par la silhouette, la taille ou le comportement, on crée des catégories commodes.

Enfin, les cris émis par les limicoles, en vol ou posés, aident grandement l'observateur expérimenté à identifier ces oiseaux. En outre, il est souvent possible de noter la présence d'une espèce différente au sein d'une bande simplement en écoutant crier les oiseaux.

La silhouette

Les pluviers constituent une famille à part. Le cou inexistant, la grosse tête et le bec court de ces oiseaux contribuent à leur donner une silhouette trapue. En outre, ils ne sondent pas la boue comme le font les bécasseaux.

Pluvier semipalmé

Les chevaliers ont aussi une silhouette caractéristique. Ces limicoles élancés au cou long sont plus dressés que la plupart des limicoles. Le Bécasseau à échasses a la même silhouette.

Grand Chevalier

La taille

La taille permet de regrouper d'autres limicoles. On retient ici la hauteur de l'oiseau plutôt que la longueur mesurée du bout du bec au bout de la queue. On a établi trois catégories de taille.

Les limicoles de grande taille ont un long bec qui peut être droit comme chez le Chevalier semipalmé, retroussé comme chez les barges ou incurvé comme chez le courlis.

Courlis corlieu

La longueur du bec départage deux catégories parmi les limicoles de taille moyenne. Les espèces au bec long sont les bécassins, la bécassine et la bécasse, au bec très long, qu'on distingue des limicoles de même taille au bec plus court.

Bécasseau maubèche

Enfin les petits bécasseaux se départagent à leur tour par leur taille en deux groupes.

Le comportement

Les phalaropes se distinguent des autres limicoles par le fait qu'ils s'alimentent souvent dans l'eau à la nage, ce qu'ils sont les seuls à faire.

Phalarope de Wilson

Pluvier argenté
27-35 cm

Black-bellied Plover • *Pluvialis squatarola* • Charadriidés ●14A

Gros pluvier grisâtre au dessous noir en plumage nuptial. Les adultes en plumage d'hiver et les juvéniles n'ont pas de noir apparent sur le corps lorsqu'ils sont posés, mais il peut en subsister chez les migrateurs d'automne. Sexes semblables. En vol, le dessus blanc de la queue, les bandes alaires et le noir des aisselles le distinguent du Pluvier bronzé. **Voix :** Sifflement plaintif rappelant celui du pioui : *pî-ou-î*. **Habitat :** Observé en migration dans les milieux ouverts tels les champs humides, les marais d'eau salée et les grandes vasières ; niche dans la toundra arctique.

Pluvier bronzé
25-28 cm

American Golden-Plover • *Pluvialis dominica* • Charadriidés ●14B

Légèrement plus petit que le Pluvier argenté. Le noir s'étend jusqu'aux sous-caudales en plumage nuptial. En automne, certains individus en mue ont plus ou moins de noir sur le dessous. Les immatures et les adultes en plumage d'hiver ont le dessous pâle. Sexes semblables. En vol, noter le dessus foncé de la queue et les aisselles grises. **Voix :** *Tchou-lit* mélodieux, plus aigu à la fin. **Habitat :** Observé surtout en automne, en particulier dans les pâturages et les labours ; niche dans la toundra arctique.

Pluvier siffleur
15-20 cm

Piping Plover • *Charadrius melodus* • Charadriidés ●14C

Petit pluvier au plumage très pâle, à collier noir parfois incomplet qui brunit en hiver. Le bec est orange et noir en été et complètement noir en hiver. Sexes semblables. L'immature ressemble à l'adulte en plumage d'hiver. En vol, noter le croupion blanc. **Voix :** Sifflement mélodieux, *piip-lo*, qui permet de le repérer sur les plages. **Habitat :** Niche sur les grandes plages de sable, parsemées de cailloux et de débris de coquillages, adossées à des dunes.

Pluvier semipalmé
17-20 cm

Semipalmated Plover • *Charadrius semipalmatus* • Charadriidés ●14D

Petit pluvier à collier noir, au dessus du corps brun, plus foncé que chez le Pluvier siffleur. Orange et noir en été, le bec court est complètement noir en hiver. L'immature ressemble à l'adulte en plumage d'hiver. Sexes semblables. En vol, on voit la queue bordée de blanc et foncée au centre. **Voix :** Son cri, un *tou-ri* plaintif, est émis tant en vol qu'au sol. Émet aussi un *tchi-oui*. **Habitat :** Niche sur certaines plages du Nord-Est. Observé en migration dans les vasières.

Pluvier kildir
23-29 cm

Killdeer • *Charadrius vociferus* • Charadriidés ●14E

Le seul pluvier qui porte deux colliers sur la poitrine. Sexes semblables. Les jeunes n'ont qu'un seul collier. En vol, ou lorsque l'oiseau feint d'être blessé, noter le croupion et le dessus cuivré de la queue. **Voix :** Oiseau très criard ; son cri le plus commun, un *kil-dîî* répété plusieurs fois, lui a valu son nom. **Habitat :** Niche dans des milieux ouverts, souvent perturbés, où la végétation est courte ou inexistante. Fréquente aussi les vasières en migration.

hiver

Pluvier argenté

été

été

P. argenté

hiver

été

P. bronzé

hiver

Pluvier bronzé

hiver

été

hiver

Pluvier siffleur

été

Pluvier semipalmé

été

hiver

été

Pluvier kildir

poussin

Chevalier semipalmé

36-43 cm

Willet • *Catoptrophorus semipalmatus* • Scolopacidés ● 17A

Oiseau de rivage de taille moyenne au plumage écaillé en été et grisâtre en hiver. Noter le bec fort et droit ainsi que les pattes gris-bleu. En vol, le motif noir et blanc des ailes ainsi que le croupion blanc caractérisent l'espèce en tous plumages. Sexes semblables. **Voix:** Très criard; son cri *pill-ouil-ouillet* lui a valu son nom anglais. **Habitat:** Niche dans les marais côtiers des Maritimes. Visiteur inusité sur les rivages et dans les prés humides au Québec.

Barge hudsonienne

37-43 cm

Hudsonian Godwit • *Limosa haemastica* • Scolopacidés ● 15A

Oiseau de rivage de grande taille au bec légèrement retroussé. Le mâle en été a la poitrine et le ventre cuivrés, tandis que les individus observés en migration d'automne ont le dessous plus ou moins coloré. Les femelles, plus grosses, sont plus ternes. Plumage d'hiver grisâtre chez les adultes. En vol, noter, dans tous les plumages, le motif noir et blanc des ailes ainsi que le dessus blanc de la queue qui se termine par une bande noire. **Voix:** Son cri est *ta-touit-touit* ou *ta-touit*. **Habitat:** De passage, surtout en automne; s'observe sur les estrans vaseux. Niche dans l'Arctique.

Barge marbrée

43-51 cm

Marbled Godwit • *Limosa fedoa* • Scolopacidés ● 15B

Oiseau de rivage de grande taille au bec légèrement retroussé. Noter la coloration ocrée de cette barge aux ailes sans motif particulier. Sexes semblables. En vol, noter les couvertures sous-alaires cannelle. **Voix:** Cri: *keûr-ouit, keûr-ouit* et *radika, radika.* **Habitat:** Passe en migration dans divers milieux humides, incluant les rivages boueux et les prés humides.

Courlis corlieu

38-48 cm

Whimbrel • *Numenius phaeopus* • Scolopacidés ● 16

Gros oiseau de rivage au plumage gris brunâtre et au long bec en faucille. Noter les raies bien nettes sur le dessus et le côté de la tête. Sexes semblables. En vol, noter les ailes gris-brun, un peu plus pâles dessous, et la queue foncée. **Voix:** Cri fort répété de trois à sept fois, *ki-ki-ki-ki-ki-ki-ki* ou *kiou-kiou-kiou-kiou-kiou-kiou-kiou.* **Habitat:** Observé en migration, surtout en automne, dans les vasières découvertes à marée basse, sur les rivages rocheux et dans les champs où l'herbe est courte; niche dans la toundra.

Ibis falcinelle

56-64 cm

Glossy Ibis • *Plegadis falcinellus* • Threskiornithidés

Bien que l'ibis ne soit pas un limicole, son long bec incurvé vers le bas et ses longues pattes lui donnent un air de famille. Les reflets verdâtres sur le plumage marron des adultes en plumage nuptial sont difficiles à voir. Sexes semblables. En vol, noter le corps très foncé, les longues pattes, le cou allongé et le long bec en faucille. **Voix:** Cri rauque et grave. **Habitat:** Visiteur occasionnel dans le Nord-Est, surtout au printemps, en bordure du fleuve et dans les marais côtiers des Maritimes.

été

Chevalier semipalmé

hiver

été

hiver

hiver

Barge marbrée

hiver

hiver

Barge hudsonienne

été

Ibis falcinelle

été

Courlis corlieu

Grand Chevalier
Greater Yellowlegs • *Tringa melanoleuca* • Scolopacidés ◉ 17B

32-38 cm

Oiseau élancé et grisâtre aux pattes jaune vif. Diffère du Petit Chevalier par la taille et le bec plus long, plus fort et parfois légèrement retroussé. Sexes semblables. L'immature ressemble à l'adulte en hiver. En vol, noter les ailes foncées, sans bandes alaires, et le croupion blanc. **Voix :** Criard ; pousse un cri composé généralement de trois ou quatre *kiou*, abrégé parfois en *ki-ki-kiou*. Chant : *tou-wi* répété. **Habitat :** Niche près des lacs et dans les tourbières en forêt boréale. En migration, on l'observe dans divers milieux humides.

Petit Chevalier
Lesser Yellowlegs • *Tringa flavipes* • Scolopacidés ◉ 17C

23-28 cm

Chevalier grisâtre aux pattes jaune vif. Il est plus petit que le Grand Chevalier et a le bec plus fin et très droit. Sexes semblables. L'immature ressemble à l'adulte en hiver. En vol, noter les ailes foncées ainsi que le croupion blanc. **Voix :** Le cri est *kiou* ou *ki-kiou* ; chant : *pil-a-oui* répété. **Habitat :** Niche dans les grandes tourbières et les clairières en forêt boréale ; observé en migration dans divers milieux humides, en eau douce ou en eau salée.

Bécasseau à échasses
Stilt Sandpiper • *Calidris himantopus* • Scolopacidés ◉ 18A

19-24 cm

Bécasseau élancé au dessous fortement rayé en été et uni en hiver. La tache rousse à l'oreille est caractéristique mais l'intensité de la couleur varie selon les individus en automne. Noter le sourcil pâle et le bec légèrement incurvé. Sexes semblables. En vol, ailes foncées et queue plus pâle ; diffère des Grand et Petit Chevaliers par ses pattes verdâtres. **Voix :** Un *wou-p* sifflé et traînant ainsi qu'un *couirp* grave et rauque. **Habitat :** Observé en migration, surtout l'automne, dans les vasières et les marais ; niche dans la toundra.

Chevalier solitaire
Solitary Sandpiper • *Tringa solitaria* • Scolopacidés ◉ 17D

19-23 cm

Chevalier aux pattes verdâtres et au plumage d'un riche brun foncé. Le cercle oculaire blanc, toujours visible, le distingue des autres chevaliers observés dans le Nord-Est. Sexes semblables. En vol, noter le dessus barré du croupion. **Voix :** Un *pit-ouît-ouît*, plus aigu que celui du Chevalier grivelé, ainsi qu'un *pît*. **Habitat :** Niche au bord des étangs de la taïga. S'arrête dans divers milieux humides en migration.

Chevalier grivelé
Spotted Sandpiper • *Actitis macularia* • Scolopacidés ◉ 17E

18-21 cm

Petit chevalier qui balance continuellement la queue et se dandine en se déplaçant. Ornés de taches rondes en été, la poitrine et le ventre sont unis chez l'adulte en hiver et chez le jeune. Sexes semblables. En vol, les ailes rigides et arquées qui battent rapidement caractérisent l'espèce. **Voix :** En vol, émet une série de *huît* rapides : *huît-huhuhuît-huhuhuît* répété. Émet aussi un *pît-wît*. **Habitat :** Niche dans nos régions, sur les rives des lacs et des rivières ; fréquente divers types de rivages boueux en migration.

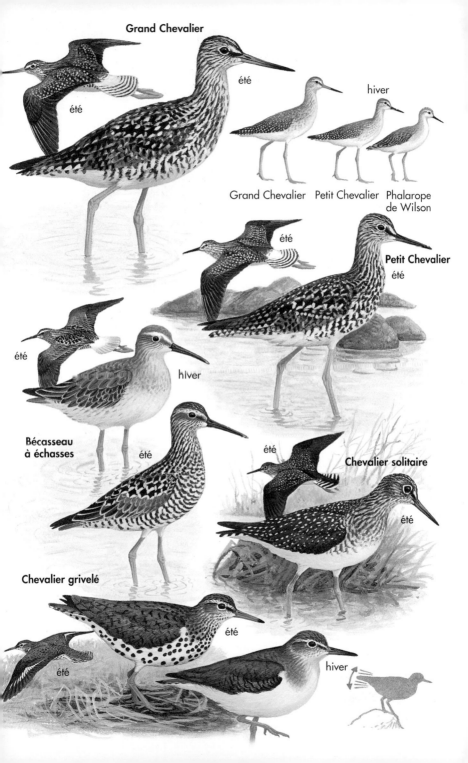

Grand Chevalier

été

été

hiver

Grand Chevalier   Petit Chevalier   Phalarope de Wilson

été

Petit Chevalier

été

été

hIver

Bécasseau à échasses

été

été

Chevalier solitaire

été

Chevalier grivelé

été

été

hiver

Bécasseau à poitrine cendrée

20-24 cm

Pectoral Sandpiper • *Calidris melanotos* • Scolopacidés ◉18B

Bécasseau à pattes jaune verdâtre, de taille moyenne, au port dressé et ayant sur la poitrine des rayures serrées qui s'interrompent en formant une limite nette sur le ventre blanc. Le mâle est plus gros que la femelle, et les deux ont le même plumage. L'immature ressemble à l'adulte mais ses rayures pectorales sont plus fines. En vol, noter le blanc qui borde la ligne noire, du croupion jusqu'à l'extrémité de la queue. **Voix :** Un *trrip, trrip* ou un *krik, krik* grave. **Habitat :** De passage en migration; fréquente les labours, les prés humides et les marais. Niche dans la toundra.

Combattant varié

22-29 cm

Ruff • *Philomachus pugnax* • Scolopacidés

En plumage nuptial, la collerette et les aigrettes érectiles colorées du mâle le distinguent de toute autre espèce. Le mâle en plumage d'hiver, l'immature et la femelle n'ont pas ces ornements spectaculaires. En tous plumages, noter la petite tête, le bec court ainsi que le long cou. En vol, les larges bandes blanches de chaque côté de la queue l'identifient. **Voix :** En vol : *tou-i*. **Habitat :** Visiteur occasionnel en provenance d'Europe ; fréquente les marais d'eau douce ou d'eau salée et les prés humides.

Maubèche des champs

28-32 cm

Upland Sandpiper • *Bartramia longicauda* • Scolopacidés ◉18C

Noter le long cou, la petite tête ronde et le bec relativement court de cet oiseau élégant, au port bien droit. Sexes semblables. En vol, noter la longue queue et les longues ailes aux extrémités foncées. **Voix :** Sifflement un peu mystérieux, *houîîî-ouîîîîîî* qui s'entend bien de très loin dans les milieux agricoles où niche la maubèche ; cri : un *poulip-lip* roulé. **Habitat :** Niche dans les champs de foin et les pâturages ; se perche parfois sur les poteaux de clôture.

Bécasseau roussâtre

19-23 cm

Buff-breasted Sandpiper • *Tryngites subruficollis* • Scolopacidés

Bécasseau au port dressé. L'ocre du plumage caractérise l'espèce en tous plumages. Le bec fin et les pattes jaunâtres le distinguent du Pluvier bronzé. En vol, le ventre ocre tranche nettement avec le dessous blanc des ailes. **Voix :** Plutôt silencieux en migration ; émet parfois un trille bas : *pr-r-rît*, ainsi qu'un *tik* perçant. **Habitat :** Migrateur automnal rare qui fréquente les champs où l'herbe est courte ; niche dans la toundra, autant en milieu sec qu'humide.

Bécasseau maubèche

25-28 cm

Red Knot • *Calidris canutus* • Scolopacidés ◉18D

Ce bécasseau trapu de taille moyenne a le ventre d'un beau rouge brique en été. En automne, l'espèce mue et le rouge est plutôt délavé. En plumage d'hiver, le dos gris écaillé facilite l'identification de ce bécasseau rondelet. Sexes semblables. En vol, noter le croupion pâle, marqué de gris. **Voix :** Plutôt silencieux en migration, émet quelquefois un *knout* grave ou un *toui-ouit*. **Habitat :** Passe en migration, surtout en automne, sur les rivages boueux et les grandes vasières ; niche dans la toundra humide.

Bécasseau à poitrine cendrée

♂
été

♀

♀

C. varié
été

♀

Combattant varié

C. varié

hiver

juvénile

♂

juvénile

été

Bécasseau
roussâtre
été

hiver

été

Maubèche
des champs

été

juvénile

hiver

Bécasseau maubèche

Bécassin roux
27-31 cm

Short-billed Dowitcher • *Limnodromus griseus* • Scolopacidés ●19A

Oiseau rondelet, à poitrine rousse en plumage nuptial. L'étendue du roux est variable en automne. Les adultes en plumage d'hiver sont gris sur la poitrine et gris-brun sur le dos. Les juvéniles sont roussâtres. Le bécassin s'alimente en enfonçant le bec dans la vase dans un mouvement de va-et-vient qui rappelle l'aiguille d'une machine à coudre. Sexes semblables. En vol, noter la grande marque blanche qui s'étend du croupion jusqu'au milieu du dos. **Voix :** Le cri consiste en un *tiou-tiou-tiou* plus rapide que celui du Petit Chevalier. **Habitat :** Observé en migration sur les rivages boueux, en eau douce comme au bord de la mer. Niche dans les prés humides où la végétation est rase et dans les tour-bières de la taïga.

Bécassin à long bec
28-32 cm

Long-billed Dowitcher • *Limnodromus scolopaceus* • Scolopacidés ●19B

Beaucoup plus rare que le Bécassin roux avec lequel on peut le confondre ; la longueur du bec n'est pas un critère suffisant et les deux espèces sont souvent difficiles à distinguer, sauf par la voix. Ce sont surtout des juvéniles qui passent chez nous, tard à l'automne ; ils sont plus gris que les juvéniles du Bécassin roux et les scapulaires et les tertiaires ne présentent pas le motif roux qu'on retrouve chez le juvénile du Bécassin roux. En plumage nup-tial, les côtés de la poitrine sont barrés et non mouchetés comme chez le Bécassin roux. Sexes semblables. En vol, noter la grande marque blanche qui s'étend du croupion jusqu'au milieu du dos. **Voix :** Son *kik* unique aide grandement à le distinguer du Bécassin roux ; émet aussi un *kik-kik-kik-kik* qui s'accélère. **Habitat :** Migrateur d'automne occasionnel qui fréquente les vasières, autant en eau douce qu'en eau salée.

Bécassine de Wilson
26-30 cm

Wilson's Snipe • *Gallinago delicata* • Scolopacidés ● 20A

Le long bec, la tête rayée, le dessus du corps brunâtre et le ventre blanc caractérisent cette espèce relativement commune. Sexes semblables. En vol, noter la queue roussâtre. **Voix :** Le passage de l'air dans la queue de la bécassine en vol produit un *hou-hou-hou-hou-hou* caractéristique. Émet souvent une série de *couac-couac-couac* forts ainsi qu'un *skèp* caractéristique à l'envol. **Habitat :** Niche dans les prés humides, les marais et les tourbières ; fréquente les labours et le bord des fossés en migration.

Bécasse d'Amérique
33-36 cm

American Woodcock • *Scolopax minor* • Scolopacidés ● 20B

Le plumage a la couleur des feuilles mortes. Le très long bec, les pattes courtes et l'absence de cou caractérisent cet oiseau rondelet dont la nuque est marquée de larges bandes noires. Sexes semblables. En vol, sa rondeur et son long bec lui donnent une silhouette bien spéciale. Ses ailes sont arrondies, contrairement à celles des autres limicoles. **Voix :** Un *pînzt* nasillard permet de la repérer à la tombée du jour. Noter aussi le gazouillis et le sifflement produit par les ailes en vol. **Habitat :** Fréquente les bois humides et les aulnaies ; observée en parade au-dessus des champs en friche.

juvénile

été

hiver

Bécassin roux

été

juvénile

hiver

juvénile

hiver

hiver

Bécassin à long bec

juvénile

Bécassine de Wilson

Bécasse d'Amérique

jeune

Bécasseau sanderling
Sanderling • *Calidris alba* • Scolopacidés

18-23 cm
21A

Bécasseau gris, très pâle et presque blanc en plumage d'hiver. Relativement facile à identifier à la fois par la tache noire à l'épaule et par son comportement : il suit en courant le va-et-vient des vagues sur les plages. Le juvénile ressemble à l'adulte en hiver mais il est plus foncé sur le dessus. En plumage nuptial, la tête et le haut de la poitrine sont roux, tandis que les plumes sur le dessus du corps sont lisérées de roux. Sexes semblables. En vol, noter la large bande alaire blanche sur les ailes foncées. **Voix :** Un *touik* ou un *kip* bref, répété huit fois. **Habitat :** Migrateur de passage qui fréquente les plages ; niche près des côtes de l'Arctique.

Bécasseau variable
Dunlin • *Calidris alpina* • Scolopacidés

19-24 cm
21B

Bécasseau rondelet au dos grisâtre et à la poitrine marquée de gris en plumage d'hiver. En plumage nuptial, le dos rougeâtre et la tache noire sur le ventre l'identifient facilement. En toutes saisons, le bec est noir, long et légèrement incurvé à l'extrémité. Sexes semblables. En vol, l'alternance du ventre noir et du dos rougeâtre est assez spectaculaire chez l'oiseau en plumage nuptial. En hiver, noter le dessus du corps foncé, la légère bande alaire ainsi que les marques blanches de chaque côté de la queue. **Voix :** Un *krii* ou un *triiip* nasillard et roulé, parfois répété en trille descendant. **Habitat :** Migrateur de passage qui recherche sa nourriture dans les champs inondés et sur les rivages, autant sur le littoral qu'en eau douce ; niche dans la toundra arctique.

Bécasseau violet
Purple Sandpiper • *Calidris maritima* • Scolopacidés

20-30 cm
21C

Bécasseau trapu aux pattes courtes, dont l'adulte en hiver et l'immature sont gris cendré. De très près, le cercle oculaire blanc se démarque nettement sur la grosse tête et on voit que le bec est orangé à la base. Le plumage nuptial des adultes est brun et rayé. Sexes semblables. En vol, noter la bande alaire blanche ainsi que les larges bandes blanches qui bordent la queue. **Voix :** Plutôt silencieux en migration et en hiver ; cris variés : *ouît-ouit ; ouit ; tit ; touit*. **Habitat :** Migrateur observé principalement tard à l'automne et en hiver sur les côtes rocheuses, les jetées et les brise-lames ; niche dans l'Arctique.

Tournepierre à collier
Ruddy Turnstone • *Arenaria interpres* • Scolopacidés

21-25 cm
21D

Ce limicole roux bariolé de noir et de blanc ne ressemble à aucun autre. Noter le dos roux, le bec pointu, le motif noir et blanc particulier de la face et les courtes pattes orangées. Le roux passe au brun en hiver. Sexes semblables. En vol, noter les lignes blanches distinctives bien visibles sur le dessus du corps, ainsi que la queue blanche à bout noir. **Voix :** Un *kiouk* ou un *tok-atok-atokatokatok* rapide. **Habitat :** Migrateur de passage qui fréquente les rivages rocailleux, les endroits jonchés de débris marins ainsi que les amoncellements de varech. Il fouille le varech à l'aide de son bec qu'il utilise aussi pour retourner de petites pierres et divers débris sur le rivage. Niche dans la toundra arctique.

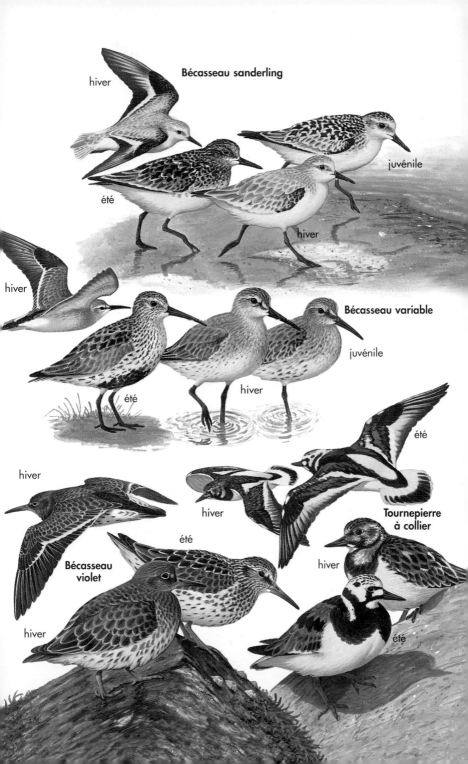

Bécasseau sanderling

hiver

été

juvénile

hiver

hiver

Bécasseau variable

juvénile

été

hiver

hiver

été

hiver

**Tournepierre
à collier**

hiver

été

**Bécasseau
violet**

hiver

Bécasseau minuscule
13-17 cm
Least Sandpiper • *Calidris minutilla* • Scolopacidés   ◉ 22A

Gros comme un moineau, c'est le plus petit limicole observé dans le Nord-Est. Autant en été qu'en plumage d'hiver, l'adulte est plus brun que le Bécasseau semipalmé. Noter le bec mince et légèrement incurvé vers le bas ainsi que les pattes jaunâtres. Le juvénile ressemble à l'adulte en plumage d'été. Sexes semblables. En vol, noter le dessus du corps brunâtre et la queue bordée de blanc. **Voix :** Un *kruî* aigu et un *prrrit* répété. **Habitat :** Dans nos régions, c'est surtout un migrateur qui fréquente les rivages, autant d'eau douce que côtiers ; niche en milieu humide dans la toundra.

Bécasseau semipalmé
14-17 cm
Semipalmated Sandpiper • *Calidris pusilla* • Scolopacidés   ◉ 22B

Petit bécasseau commun au bec noir, court et bien droit, et aux pattes noires. Le dessus du corps est plus gris et plus pâle que celui du Bécasseau minuscule. Sexes semblables. En vol, on voit la queue marquée d'une ligne noire au centre et bordée de blanc. **Voix :** Un *tcherk* bref, répété parfois en un trille rapide. **Habitat :** Migrateur commun dans le Nord-Est, qui s'alimente sur les rivages boueux, autant en eau douce que sur le littoral ; niche dans l'Arctique.

Bécasseau d'Alaska
15-18 cm
Western Sandpiper • *Calidris mauri* • Scolopacidés   ◉ 22C

Petit bécasseau rare, difficile à distinguer du Bécasseau semipalmé. Son bec est plus long, plus fort à la base et légèrement incurvé au bout. Le juvénile a les scapulaires marquées de roux. Sexes semblables. En vol, chez le juvénile, noter sur le dos le V roux formé par la couleur particulière des scapulaires. **Voix :** Un *djît* ou un *tchîp* ténu. **Habitat :** Migrateur d'automne occasionnel dans le Nord-Est ; des juvéniles se mêlent parfois aux Bécasseaux semipalmés. Niche dans la toundra humide.

Bécasseau à croupion blanc
18-20 cm
White-rumped Sandpiper • *Calidris fuscicollis* • Scolopacidés   ◉ 22D

Au repos, les longues ailes dépassent le bout de la queue. Le dessus du corps est assez roux en été. Les individus en plumage d'hiver ou en mue sont grisâtres, avec les côtés finement rayés. Sexes semblables. En vol, remarquer le croupion blanc caractéristique. **Voix :** Un *jîît-jîît-jîît* aigu qui ressemble à un cri de souris. **Habitat :** Migrateur de passage dans les vasières et sur les plages, autant en eau douce qu'en eau salée. Niche dans la toundra humide.

Bécasseau de Baird
18-20 cm
Baird's Sandpiper • *Calidris bairdii* • Scolopacidés   ◉ 22E

Une riche couleur beige caractérise ce bécasseau au dos écaillé dont les ailes dépassent la queue quand il est au sol. Les juvéniles observés dans le Nord-Est en automne ressemblent aux adultes en plumage d'été. Sexes semblables. En vol, noter la tête, le cou et le dessus du corps foncés, sans marque distinctive particulière. **Voix :** Un *crîpit* émis sous la forme d'un trille roulé. **Habitat :** Migrateur qui s'alimente dans les zones les plus sèches des rivages, en eau douce comme en eau salée salée ; niche dans l'Arctique.

Bécasseau minuscule

été

juvénile

hiver

hiver

Bécasseau semipalmé

été

juvénile

hiver

hiver

juvénile

Bécasseau d'Alaska

hiver

juvénile

hiver

hiver

été

Bécasseau à croupion blanc

juvénile

Bécasseau de Baird

été

juvénile

Phalarope de Wilson
21-26 cm

Wilson's Phalarope • *Phalaropus tricolor* • Scolopacidés • 23A

En plumage nuptial, la femelle, plus colorée que le mâle, a le côté de la tête marqué de noir ; le devant et les côtés du cou sont roux foncé. Le mâle n'a qu'une fine ligne noire sur l'oeil et un peu d'ocre sur le cou. En hiver, le mâle et la femelle sont semblables. Le juvénile a la poitrine chamois et le dos tacheté et plus brun que l'adulte. Il ne garde pas ce plumage longtemps. En vol, ce phalarope diffère des deux autres par l'absence de bandes alaires. Le bec très fin est également caractéristique. **Voix :** Un *ou-èk* nasillard ressemblant à un cri de canard ainsi qu'un *tchèk, tchèk, tchèk*. **Habitat :** Niche dans les marais d'eau douce et les prés humides. S'alimente à la nage comme les autres phalaropes, mais aussi en pateaugeant en eau peu profonde.

Phalarope à bec étroit
17-20 cm

Red-necked Phalarope • *Phalaropus lobatus* • Scolopacidés • 23B

Phalarope qu'on voit surtout en automne, alors que le mâle et la femelle ont le même plumage gris écaillé. En plumage nuptial, la femelle se caractérise par un collier marron et une gorge blanche ; le mâle est semblable, mais plus terne. En automne, l'immature ressemble à l'adulte en hiver mais il est plus foncé dessus. En vol, noter le dos écaillé et les ailes grises marquées d'une bande alaire blanche, alors que le Phalarope à bec large est plus pâle et a un dos plus uniforme. **Voix :** Un *ouit* répété. **Habitat :** Migrateur de passage sur les lacs et les rivières de nos régions ; il hiverne en mer où on l'observe aussi en migration. Niche au bord des étangs d'eau douce dans la toundra arctique.

Phalarope à bec large
20-23 cm

Red Phalarope • *Phalaropus fulicarius* • Scolopacidés • 23C

Très pâle en hiver, alors que le mâle et la femelle sont semblables, ce phalarope a un bec plus court et plus épais que les deux autres ; ce trait est difficile à évaluer sur le terrain. Par ailleurs, il flotte assez haut sur l'eau, ce qui lui donne l'allure d'une mouette lorsqu'il nage. En automne, l'immature ressemble au mâle en plumage d'été mais sa poitrine est ocre ; son bec est foncé. En plumage nuptial, la femelle est très rousse et sa face blanche contraste nettement avec le reste du corps. Le mâle est semblable mais plus terne. En vol, le dos gris pâle uniforme et la bande alaire blanche caractérisent cette espèce en plumage d'hiver. **Voix :** Un *ouit* répété. **Habitat :** Cet oiseau hiverne en mer où on l'observe également lors des migrations. Migrateur exceptionnel sur les plans d'eau à l'intérieur des terres. Niche au sol près des étangs d'eau douce peu profonds dans l'Arctique.

Phalarope de Wilson

♂ été
♀ été
hiver

♀ été
hiver

Phalarope à bec étroit

♂ été
♀ été
hiver
hiver

Phalarope à bec large

♂ été
hiver

♀ été

hiver

Les oiseaux pélagiques, les goélands, les mouettes et les sternes sont d'excellents voiliers au vol élégant. Souvent associées au bord de la mer, ces espèces n'exploitent pas toutes le milieu marin de la même façon. Certaines vivent toujours au large et ne viennent à terre que pour nicher, d'autres ne s'éloignent guère de la côte, d'autres, enfin, nichent à l'intérieur des terres et vont sur la côte en migration et en hiver.

Les oiseaux pélagiques

Fou, fulmar, océanites et puffins passent leur vie au large et ne viennent à terre que pour nicher, dans des colonies comptant souvent plusieurs milliers de couples.

Les fous, au corps fusiforme et aux longues ailes, sont particulièrement bien adaptés à la pêche ; ils capturent les poissons en plongeant du haut des airs et en fendant l'eau comme des flèches. Ils pêchent près des côtes lorsque les bancs de poissons s'en rapprochent. Il faut cinq ans au fou pour acquérir le plumage adulte.

Fou de Bassan

Les océanites sont de petits oiseaux de mer noirs de la taille d'une grosse hirondelle. Deux espèces fréquentent les eaux du Québec et des Maritimes : l'Océanite cul-blanc qui niche dans des colonies situées sur nos côtes et l'Océanite de Wilson, qui niche dans les mers australes et remonte vers nos régions pour y passer l'été en mer. Ces oiseaux s'alimentent en voltigeant près de la surface, les pattes traînantes, donnant l'impression qu'ils marchent sur l'eau.

Océanite cul-blanc

Les puffins passent l'été au large de nos côtes. Ces oiseaux au corps foncé sont particulièrement bien adaptés à la vie en haute mer. Habiles voiliers, il leur faut cependant courir sur l'eau en battant des ailes pour s'envoler. Des narines tubulaires ornent le dessus de leur bec. Leur odorat développé les guide vers leur nourriture.

Puffin majeur

Les laridés : labbes, goélands, mouettes et sternes

Apparentés aux goélands, les labbes au plumage généralement sombre sont de véritables oiseaux de mer. Les immatures, qui ont tous un plumage foncé, sont difficiles à identifier selon l'espèce, d'autant que les labbes sont souvent observés dans des conditions difficiles. La longueur des rectrices centrales, critère utile, varie selon l'âge de l'oiseau. Les labbes harcèlent les mouettes, les goélands et les sternes afin de leur faire lâcher leurs proies. Leurs longues ailes pointues et coudées leur donnent l'allure d'oiseaux de proie.

Labbe parasite

Goélands et mouettes sont des laridés bien connus, aux longues ailes, à la queue carrée ou arrondie et aux pattes plus longues que celles des sternes, qui, en outre, plongent beaucoup plus qu'eux. Le plumage est gris et blanc chez la plupart des adultes et les ailes sont souvent marquées de noir. Certaines mouettes portent un capuchon. Les goélands sont les plus gros laridés et les mouettes, les plus petits.

Goéland à bec cerclé

Le plumage très variable des immatures est déroutant. La plupart des goélands et des mouettes n'acquièrent le plumage adulte qu'après deux, trois ou quatre ans. Chez la plupart des espèces, il y a une mue complète à l'automne et une autre, partielle, au printemps.

Les sternes

Laridés gracieux aux allures d'hirondelles, les sternes diffèrent des goélands par leurs ailes effilées, leur queue généralement fourchue et leur habitude de plonger tête première pour se nourrir, comportement rare chez les goélands. Les sternes volent souvent sur place avant de plonger et se posent rarement sur l'eau.

Fou de Bassan
88-102 cm

Northern Gannet • *Morus bassanus* • Sulidés ● 24

Le blanc éclatant du plumage de ce gros oiseau de mer permet de l'identifier facilement, même de loin, lorsqu'il plonge comme une flèche dans la mer. L'adulte est blanc avec du noir au bout des longues ailes étroites tenues bien droites lorsque l'oiseau plane. De près, noter la teinte jaunâtre de la tête et de la nuque ainsi que le motif formé par les lignes sombres qui découpent les différentes parties du bec. Il faut cinq ans au fou pour acquérir le plumage adulte, et la coloration change beaucoup avant cet âge. Sexes semblables. **Voix :** Un *ha-ran, ha-ran, ha-ran* enroué et répété. **Habitat :** Niche en colonies dans les falaises et sur les corniches ; se voit également en mer près des côtes.

Fulmar boréal
46-51 cm

Northern Fulmar • *Fulmarus glacialis* • Procellariidés

Oiseau de mer grisâtre qui ressemble à un goéland mais s'en distingue à sa façon de voler. Noter les ailes rigides en vol ainsi que les battements rapides qui alternent avec de longs planés exécutés près de la surface de la mer. De près, on voit le bec massif et le cou qui est court et fort. Sexes semblables. **Voix :** Généralement silencieux en mer ; émet des grognements rauques lorsqu'il dispute de la nourriture à d'autres fulmars. **Habitat :** Niche en colonies, dans des falaises. Observé principalement en haute mer, où il lui arrive de suivre les bateaux.

Océanite cul-blanc
19-23 cm

Leach's Storm-Petrel • *Oceanodroma leucorhoa* • Hydrobatidés

Petit oiseau de mer de la taille d'une Hirondelle noire. Son corps noirâtre est marqué d'une tache blanche au croupion et sa queue est fourchue. En vol, noter les ailes longues et pointues dont le battement rappelle celui d'une sterne ; l'oiseau appuie fortement sur les ailes et semble bondir à chaque battement. Change souvent de direction, ce qui lui donne un vol assez erratique. Sexes semblables. **Voix :** Silencieux en mer ; la nuit, près des colonies, il émet des sifflements et des trilles. **Habitat :** Observé surtout en mer ; niche sur des îles côtières.

Océanite de Wilson
18-19 cm

Wilson's Storm-Petrel • *Oceanites oceanicus* • Hydrobatidés

Petit oiseau de mer noirâtre qui vole comme une hirondelle et s'alimente à la surface de la mer en voltigeant ou en « marchant sur l'eau », ce qu'il fait en volant sur place et en glissant les pattes à la surface. Les ailes rondes, le vol moins erratique et les battements d'ailes plus rapides le distinguent de l'Océanite cul-blanc. Chez les individus observés de près en vol, noter les pattes qui dépassent du bout de la queue. De très près, il est aussi possible de voir que le blanc du croupion « descend » sur les flancs de l'oiseau ; cette marque est visible même chez l'oiseau posé. Sexes semblables. **Voix :** Silencieux en mer ; émet parfois des petits cris en se nourrissant. **Habitat :** Se voit habituellement en mer ; s'approche des côtes, particulièrement en suivant les bateaux de pêche qui reviennent au port. Niche en Antarctique et remonte dans l'Atlantique Nord durant notre été.

Fou de Bassan

adulte

adulte

3e année

1re année

Fulmar boréal

Goéland argenté

Océanite de Wilson

Océanite cul-blanc

Puffin majeur
46-51 cm

Greater Shearwater • *Puffinus gravis* • Procellariidés

Oiseau de mer, foncé dessus et pâle dessous, caractérisé en vol par de longues ailes étroites tenues bien droites lorsqu'il plane. Il bat des ailes fort et rapidement et plane longtemps très près de la surface de l'eau, disparaissant entre les vagues lorsque la mer est agitée. La calotte foncée est bien nette chez cette espèce, de même que le collier blanc sur la nuque et la bande blanche à la base de la queue. La tache abdominale un peu plus foncée est très difficile à voir en mer. Sexes semblables. **Voix:** Généralement silencieux en mer; ces puffins émettent des sons grinçants lorsqu'ils se disputent de la nourriture. **Habitat:** Niche dans l'Atlantique Sud et remonte dans l'Atlantique Nord durant notre été. Observé en pleine mer.

Puffin fuligineux
41-46 cm

Sooty Shearwater • *Puffinus griseus* • Procellariidés

Ce puffin commun de l'Atlantique est le seul qui soit foncé tant sur le dessus du corps qu'en dessous. En fait, les seules zones pâles sont situées sous les ailes et sont de dimension variable. Ces zones pâles sont difficiles à voir, si bien que l'oiseau semble complètement sombre de loin. Vole en alternant les battements et les planés, les ailes bien droites comme chez les autres espèces de puffins. Sexes semblables. **Voix:** Généralement silencieux en mer; les puffins crient en se disputant de la nourriture. **Habitat:** Niche dans l'Atlantique Sud et remonte dans l'Atlantique Nord après la saison de nidification, durant notre été. Observé au large des côtes.

Puffin des Anglais
31-38 cm

Manx Shearwater • *Puffinus puffinus* • Procellariidés

Petit puffin au dessus noirâtre et au dessous blanc contrastant. Battements d'ailes rapides suivis de vols planés au ras de l'eau. Tout en planant, il se déplace souvent entre deux vagues, « tournant sur l'aile » pour changer de cap, révélant en alternance le noir et le blanc de son plumage. Noter l'absence de marques blanches sur le cou ou à la base de la queue. **Voix:** Généralement silencieux en mer; émet des caquètements près des nids. **Habitat:** Niche surtout dans l'Atlantique Nord. Se voit habituellement au large, à la recherche de sa nourriture; s'approche plus près des côtes que les autres puffins.

Puffin cendré
48-53 cm

Cory's Shearwater • *Calonectris diomedea* • Procellariidés

Le plus rare des puffins observés au large des Maritimes dans l'Atlantique Nord. De la taille du Puffin majeur, il a le dessus du corps uniformément foncé, sans marques blanches distinctives. De très près, on peut aussi voir le bec jaune caractéristique. Sexes semblables. Il bat des ailes plus lentement et fait de longs planés au cours desquels il exécute parfois des boucles. **Voix:** Généralement silencieux en mer; émet quelques cris rauques et nasillards à l'occasion. **Habitat:** Niche dans des îles de l'est de l'Atlantique Nord. Observé occasionnellement en mer, plus particulièrement au large de la Nouvelle-Écosse.

Puffin majeur

Puffin fuligineux

Puffin des Anglais

Puffin cendré

Labbe pomarin
51-59 cm
Pomarine Jaeger • *Stercorarius pomarinus* • Laridés

Plus gros que le Labbe parasite. Les adultes de la forme claire ont la calotte foncée, la bande pectorale bien nette et les rectrices centrales torsadées et non pointues. Comme chez tous les labbes, l'oiseau met trois ou quatre ans avant d'acquérir le plumage adulte, ce qui explique la longueur variable des rectrices centrales de la queue. Il est très difficile d'identifier l'immature sur le terrain. Noter cependant la tête plutôt brun foncé et les marques blanches sur le dessus des ailes. Sexes semblables. Ce labbe a un vol lent et dégage une impression de lourdeur. **Voix:** Généralement silencieux en mer. Émet des cris semblables à des aboiements sur les aires de nidification et quelques cris nasillards. **Habitat:** Cette espèce se voit surtout au large des côtes en migration. Niche dans la toundra, habituellement près des côtes.

Labbe parasite
46-54 cm
Parasitic Jaeger • *Stercorarius parasiticus* • Laridés

Ce labbe élancé est le plus fréquent dans nos régions. Chez l'adulte de la forme claire, noter la calotte et la bande pectorale foncées. Les rectrices centrales sont pointues et dépassent les autres plumes de la queue chez l'adulte seulement, car il leur faut trois ou quatre ans pour pousser. Ce critère n'est donc pas toujours utilisable. Sexes semblables. L'immature, au plumage relativement foncé, est difficile à identifier; de près et sous un bon éclairage, noter ses teintes rousses et le blanc présent sous l'aile. Le vol est rapide et agile, comme celui du faucon, en particulier lorsqu'il poursuit des oiseaux. **Voix:** Généralement silencieux en mer. Sur les aires de nidification, émet des cris semblables à des aboiements. **Habitat:** Passe au large en migration, mais se voit plus souvent que les autres labbes à partir des côtes. Hiverne en mer. Niche dans la toundra côtière.

Labbe à longue queue
51-59 cm
Long-tailed Jaeger • *Stercorarius longicaudus* • Laridés

Le plus petit et le plus rare des trois labbes. Les longues rectrices de l'adulte le distinguent des autres labbes. Comme chez les autres labbes, ces plumes n'atteignent leur pleine longueur qu'après trois ou quatre ans. Noter la calotte noire et l'absence de bande pectorale chez l'adulte. Vole comme une sterne. Le contraste entre l'extrémité foncée des ailes et le manteau grisâtre est caractéristique de cette espèce, chez l'adulte comme chez l'immature. **Voix:** Généralement silencieux en mer. Sur les aires de nidification, émet des cris semblables à des aboiements, d'une tonalité plus élevée que chez les deux autres labbes. **Habitat:** Passe au large des côtes en migration d'automne. Niche dans la toundra à des endroits plus secs et plus éloignés de la côte que les autres labbes.

Labbe pomarin

forme foncée
adulte

forme claire
adulte

forme claire
immature

forme foncée
juvénile

Labbe parasite

forme foncée
adulte

forme claire
adulte

forme foncée
juvénile

adulte

forme claire
immature

Labbe à longue queue

juvénile

immature

Mouette tridactyle

40-46 cm

Black-legged Kittiwake • *Rissa tridactyla* • Laridés ● 25A

Mouette avant tout maritime, sans capuchon, qui ressemble par ses couleurs à un goéland miniature. Chez l'adulte en vol, noter le manteau gris et le bout des ailes complètement noir, sans taches blanches. Chez l'immature du premier hiver, le collier noir est caractéristique; en vol, des lignes noires forment un W bien visible sur le dessus des ailes et on voit la bande noire à l'extrémité de la queue. Posé, l'adulte en été est caractérisé par des pattes noires et un petit bec jaune; la nuque est grise en hiver. Noter chez l'immature posé, outre le collier noir toujours visible, la ligne noire qui traverse l'aile repliée. Sexes semblables. **Voix:** Émet un *kaka-ouîk* ou *kitti-ouaak* répété. Très bavarde sur les lieux de nidification. **Habitat:** Espèce d'eau salée, cette mouette cherche souvent sa nourriture assez loin des côtes. En période de nidification, on la repère souvent dans ses va-et-vient constants entre la mer et les falaises où se trouve la colonie. Rare sur les lacs.

Mouette de Sabine

33-36 cm

Sabine's Gull • *Xema sabini* • Laridés

Observée principalement en mer, au large des côtes, notamment en migration d'automne alors qu'on peut encore découvrir quelques adultes en plumage nuptial. Seule mouette à queue fourchue qui fréquente nos régions. De près, noter le capuchon gris ainsi que le bec noir à bout jaune. De loin, le motif particulier des ailes permet d'identifier l'espèce en toutes saisons, autant l'adulte que l'immature. Chez l'immature posé, noter le brun des ailes et du dos qui s'étend jusque sur la calotte et le dessous blanc de l'oiseau. Sexes semblables. **Voix:** Généralement silencieuse en mer; émet quelques cris grinçants et bourdonnants quelque peu semblables à ceux d'une sterne. **Habitat:** Cette mouette nordique hiverne en mer où elle se voit habituellement au cours de la migration d'automne. Parfois repérée en eau douce à l'intérieur des terres au début de l'automne. Niche en petites colonies, ou encore par couples, dans la toundra basse et humide, sur les lacs, sur la côte et dans les îles.

Mouette pygmée

28 cm

Little Gull • *Larus minutus* • Laridés

Petite mouette observée autant en eau douce que sur le littoral. Le dessous noir de l'aile arrondie est particulier à l'adulte de cette espèce. En plumage nuptial, noter le capuchon noir, le bec sombre et les pattes rouges. En hiver, la tête pâle porte une calotte foncée. L'immature se distingue de celui de la Mouette de Bonaparte, avec qui on le rencontre, par le motif en W sur les ailes. Sexes semblables. **Voix:** Un *kièk* répété et doux. **Habitat:** Niche dans les marais d'eau douce et hiverne sur les côtes. Se voit occasionnellement en migration d'automne.

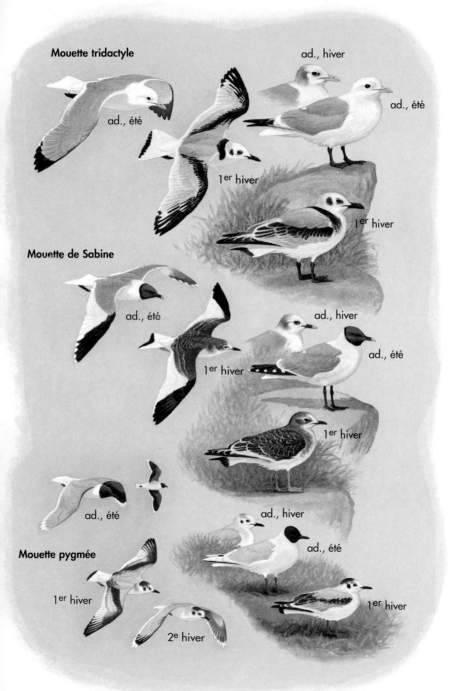

Mouette tridactyle

ad., hiver

ad., été

ad., été

1er hiver

1er hiver

Mouette de Sabine

ad., été

ad., hiver

1er hiver

ad., été

1er hiver

ad., été

Mouette pygmée

ad., hiver

ad., été

1er hiver

2e hiver

1er hiver

Mouette de Bonaparte
30-37 cm
Bonaparte's Gull • *Larus philadelphia* • Laridés   ● 25B

La plus commune des mouettes à capuchon chez nous. En plumage nuptial, noter le capuchon foncé de l'adulte ainsi que le bec fin et noir. Chez le juvénile et l'adulte en plumage d'hiver, la tête est presque toute blanche, ornée simplement d'une tache foncée à l'oreille. Sexes semblables. En vol, le triangle blanc sur l'aile permet, en tous plumages, de la distinguer des autres laridés, à l'exception de la Mouette rieuse dont le dessous des primaires est foncé. **Voix:** Le cri, un *tcherr* ou *tchîrr* nasal, ressemble quelque peu à celui d'une sterne. **Habitat:** Se voit en migration, dans divers types d'habitats, autant en eau douce que sur le littoral. Niche au bord des tourbières, des lacs et des étangs, en forêt boréale.

Mouette rieuse
36-38 cm
Black-headed Gull • *Larus ridibundus* • Laridés

Plus rare que la Mouette de Bonaparte, la Mouette rieuse a également un capuchon foncé dont la couleur brune n'est cependant visible que sous un très bon éclairage. L'adulte en plumage d'hiver et l'immature ont la tête blanche marquée d'un point foncé à l'oreille. Sexes semblables. En vol, l'aile marquée d'un triangle blanc sur le dessus est cependant foncée en dessous, ce qui la distingue de la Mouette de Bonaparte, au vol plus léger. **Voix:** Bavarde près des lieux de nidification. Émet une variété de cris rauques et grinçants. **Habitat:** Plutôt rare, ne niche qu'aux îles de la Madeleine dans le Nord-Est ; niche souvent avec d'autres laridés, dans des endroits où la végétation est dense. Observée habituellement près des côtes.

Mouette atricille
38-43 cm
Laughing Gull • *Larus atricilla* • Laridés

Grosse mouette à bec fort qui ressemble plutôt à un goéland. En hiver, le capuchon noir des adultes disparaît mais la tête prend une teinte grise. Sexes semblables. Les immatures sont très foncés. En vol, noter le dos et le dessus des ailes très foncés chez les adultes ; l'extrémité noire des ailes se confond avec la teinte sombre du dessus. Bande noire complète à l'extrémité de la queue des immatures. **Voix:** Un rire sonore : *haah-haah-haah-ha-ha-ha-ha-ha.* **Habitat:** Se voit surtout près des côtes ; accompagne parfois les bandes de goélands à l'intérieur des terres.

Mouette de Franklin
34-40 cm
Franklin's Gull • *Larus pipixcan* • Laridés

Mouette à capuchon qui niche dans l'ouest du continent. Le capuchon noir des adultes en plumage nuptial couvre encore une bonne partie de la tête en hiver. Contrairement aux autres mouettes à capuchon, la tête des adultes et de l'immature demeure très foncée en hiver. Sexes semblables. En vol, noter la bande noire incomplète (les rectrices externes sont blanches) à l'extrémité de la queue des immatures. **Voix:** *Hink hink hink* perçant et divers miaulements et rires. **Habitat:** Parfois découverte parmi les bandes de goélands, dans les dortoirs ou en train de s'alimenter dans les champs.

Mouette de Bonaparte

ad., été

ad., hiver

ad., été

1er hiver

1er hiver

Mouette rieuse

ad., été

1er hiver

ad., hiver

1er hiver

ad., été

ad., été

Mouette atricille

ad., été

ad., hiver

ad., été

1er hiver

1er hiver

ad., été

ad., hiver

ad., été

ad., été

1er hiver

Mouette de Franklin

1er hiver

Goéland à bec cerclé
46-51 cm
Ring-billed Gull • *Larus delawarensis* • Laridés 26A

C'est le goéland commun des villes. Petit goéland au dos gris et aux ailes grises marquées de noir à l'extrémité. En plumage d'été, le bec jaune de l'adulte est cerclé de noir près de l'extrémité ; noter aussi les pattes jaunes des individus posés. Le plumage d'hiver est semblable à celui de l'été chez l'adulte, sauf sur la tête, marquée de rayures brunes. Sexes semblables. En vol, manteau gris et dessus des ailes à bout noir. **Voix :** Cri plus aigu que celui du Goéland argenté : *ayink...ayink...ayink* ou *gin-gin-gin-gin*. **Habitat :** Commun dans les villes et en eau douce ; fréquente aussi les milieux côtiers. Niche en colonies sur des îles ou des presqu'îles herbeuses ou partiellement nues, naturelles ou artificielles, et parfois sur le toit des édifices.

Goéland argenté
59-66 cm
Herring Gull • *Larus argentatus* • Laridés 26B

Goéland omniprésent sur les côtes, plus grand et plus robuste que le Goéland à bec cerclé. On peut identifier l'adulte posé au bec jaune marqué d'un point rouge et aux pattes rosées. Noter également le dos gris et les ailes grises marquées de noir aux extrémités. En hiver, la tête des adultes est rayée de brun. Sexes semblables. En vol, manteau gris et ailes au bout noir. **Voix :** Cris variés : *ayâk...ayâk...ayâ* ou *yok yok-yok-yokel-yokel* ; les oiseaux dérangés peuvent émettre un *gâ-gâ-gâ*. **Habitat :** Présent sur les côtes, ce goéland fréquente aussi les lacs et les rivières. Niche en colonies, souvent installées sur des îles.

Goéland brun
53-61 cm
Lesser Black-backed Gull • *Larus fuscus* • Laridés

Goéland à peine plus petit que le Goéland argenté, au manteau foncé. Sous un bon éclairage, il est possible d'en voir la couleur gris ardoisé. Noter le bec jaune marqué d'un point rouge chez l'adulte ainsi que les pattes jaunes et non roses comme chez le Goéland marin. La tête est rayée de brun en hiver. Sexes semblables. En vol, observer le dos et les ailes foncés. **Voix :** Cris semblables à ceux du Goéland argenté, mais plus bas. **Habitat :** Ce goéland qui niche en Europe se voit de plus en plus fréquemment de ce côté-ci de l'Atlantique. On le découvre souvent dans les bandes de goélands, autant sur les côtes que sur les lacs et les rivières.

Goéland marin
71-79 cm
Great Black-backed Gull • *Larus marinus* • Laridés 26C

Gros goéland au manteau noir. La grande taille, la silhouette robuste et le noir de l'oiseau permettent d'identifier facilement l'adulte. Les pattes sont roses comme celles du Goéland argenté et le bec fort est marqué de rouge. En hiver, le plumage de l'adulte est à peu près le même qu'en été. Sexes semblables. En vol, son allure imposante, son dos et ses ailes foncés le caractérisent. **Voix :** Cris rauques et forts : *cao cao cao* ou *aôk aôk aôk* ; émet aussi un *yôk-yôk-yôk*. **Habitat :** Niche principalement dans les îles côtières. En migration et en hiver, on le voit aussi en eau douce à l'intérieur des terres.

Goéland à bec cerclé

été

hiver

été

Goéland argenté

été

hiver

été

été

Goéland brun

été

hiver

été

été

Goéland marin

été

hiver

Goéland à bec cerclé
Ring-billed Gull • *Larus delawarensis* • Laridés

46-51 cm

26A

Ce n'est qu'au troisième hiver que les oiseaux acquièrent le plumage adulte. Le juvénile a le plumage brunâtre durant son premier été. Au premier hiver, l'immature a le dos gris et le dessus des ailes brun. Il diffère alors de l'immature du Goéland argenté qui est uniformément brun. Au deuxième hiver, le plumage de l'immature ressemble à celui de l'adulte, avec un peu plus de brun sur le dessous du corps. En vol, noter le bout brun des ailes et la bande terminale brune de la queue. **Habitat :** Comme l'adulte, fréquente les villes, les champs labourés et divers milieux aquatiques.

Goéland argenté
Herring Gull • *Larus argentatus* • Laridés

59-66 cm

26B

Le plumage adulte est acquis au quatrième hiver. Le juvénile, au bec noir, a le plumage brun foncé durant le premier été. Au premier hiver, l'immature conserve un plumage entièrement brun, ce qui le distingue assez facilement des autres goélands en automne. Au deuxième hiver, l'immature a le dos gris et le dessus des ailes brunâtre, ce qui le fait ressembler à l'immature de premier hiver du Goéland à bec cerclé, plus petit. Au troisième hiver, le plumage de l'immature du Goéland argenté ressemble à celui de l'adulte. En vol, au premier hiver, ce goéland est foncé, autant sur le corps que les ailes. **Habitat :** Observé, comme l'adulte, près de la côte et au bord des lacs et des rivières. En automne et en hiver, on le retrouve en bandes avec d'autres goélands.

Goéland marin
Great Black-backed Gull • *Larus marinus* • Laridés

71-79 cm

26C

Gros goéland qui acquiert le plumage adulte au quatrième hiver. L'immature est brunâtre là où l'adulte est noir, sur le manteau. Au premier hiver, il a cependant une bande foncée à l'extrémité de la queue et son bec est complètement noir. Aux deuxième et troisième hivers, le noir est restreint à l'extrémité du bec. Le plumage de troisième hiver ressemble beaucoup à celui de l'adulte. En vol, la bande foncée du bout de la queue est visible chez l'immature de premier hiver ; cette bande pâlit l'année suivante et disparaît par la suite. **Habitat :** Observé principalement sur la côte, comme l'adulte ; quelques individus se retrouvent également parmi les troupes de goélands qui se forment en automne et en hiver.

Goéland à bec cerclé

juvénile

1er hiver

1er hiver

juvénile

2e hiver

2e hiver

Goéland argenté

juvénile

2e hiver

2e hiver

Goéland marin

Goéland arctique
57-64 cm

Iceland Gull • *Larus glaucoides* • Laridés

L'immature au plumage presque entièrement blanc est facile à repérer parmi les goélands qui hivernent sur le littoral. Le bec est presque tout noir chez l'immature de premier hiver et jaune chez l'adulte. En vol et chez les oiseaux posés, le dessus du dos se fond avec le gris uniforme du dessus des ailes. Les individus de la race *glaucoides* (qui niche au Groenland) ont l'extrémité des ailes blanches, alors que les individus de la race *kumlieni* (qui niche dans l'Arctique canadien) ont l'extrémité des ailes marquée de petites taches sombres. Sexes semblables. Le plumage d'hiver est comme le plumage d'été chez l'adulte, sauf pour les rayures brunes de la tête. **Voix :** Généralement silencieux en hiver dans nos régions ; cris semblables à ceux du Goéland argenté, mais plus aigus. **Habitat :** Niche dans l'Arctique et hiverne sur nos côtes. Relativement rare à l'intérieur des terres, mais présent parmi les bandes de goélands qui se forment lors des migrations.

Goéland bourgmestre
66-76 cm

Glaucous Gull • *Larus hyperboreus* • Laridés

Ressemble à un gros Goéland arctique en plus robuste. L'immature au plumage blanc est facile à repérer dans les bandes de goélands. Le bec fort est noir à l'extrémité chez l'immature et jaune avec un point rouge chez l'adulte. Le dos et le dessus des ailes sont gris chez l'adulte qui a, en plus, le bout des ailes blanc, sans les marques foncées des autres goélands. En vol ou posé, la silhouette robuste de l'oiseau rappelle celle du Goéland marin. Sexes semblables. En hiver, l'adulte a un plumage qui ne se distingue du plumage d'été que par les fines rayures brunes de la tête. **Voix :** Généralement silencieux en hiver dans nos régions ; cris semblables à ceux du Goéland argenté. **Habitat :** Niche dans l'Arctique ; hiverne sur nos côtes. Quelques individus se voient à l'intérieur des terres, parmi les rassemblements de goélands lors des migrations.

Mouette blanche
40-49 cm

Ivory Gull • *Pagophila eburnea* • Laridés

Seule mouette dont l'adulte a le plumage entièrement blanc. À tout âge, les yeux et les pattes sont noirs et le bout du bec est jaune. L'immature a la face foncée et des marques noires sur le plumage, notamment sur le bout des ailes et de la queue. Sexes semblables. **Voix :** Un *krriiiiir* fort et perçant qui ressemble à celui d'une sterne. **Habitat :** Niche dans le Haut-Arctique et hiverne principalement sur la banquise nordique. Quelques individus hivernent sur la côte atlantique ; accidentel dans les terres.

Goéland arctique

glaucoides ad., été

glaucoides ad., hiver

1er hiver

1er hiver

glaucoide ad., hiver

kumlieni ad., été

G. arctique 1er hiver

Goéland bourgmestre

ad., été

ad., hiver

1er hiver

1er hiver

ad., hiver

1er hiver

Mouette blanche

ad., été

1er hiver

ad., été

1er hiver

Sterne pierregarin
33-41 cm

Common Tern • *Sterna hirundo* • Laridés
● 27A

Notre sterne la plus commune. En plumage nuptial, l'adulte a un bec orange au bout noir et une calotte noire. Le dessus gris des ailes présente du noir sur les primaires. Le devant de la tête est marqué de blanc chez l'immature et l'adulte en plumage d'hiver. Sexes semblables. **Voix :** Un *kî-eurrr* perçant et strident ; émet aussi un *kîok-kîok-kîok* et un *kîk kîk kîk*. **Habitat :** Observée autant en eau douce que sur le littoral ; niche en colonies sur les plans d'eau de l'intérieur et près de la côte.

Sterne arctique
36-43 cm

Arctic Tern • *Sterna paradisaea* • Laridés
● 27B

Presque identique à la Sterne pierregarin dont elle diffère par la joue blanche qui contraste avec le dessus du corps gris en plumage nuptial. Noter aussi le dessus de la tête noir, le bec et les pattes rouge sang ainsi que le dessus gris des ailes, non marqué de noir sur les primaires. La calotte noire est incomplète chez l'adulte en plumage d'hiver et l'immature. Sexes semblables. **Voix :** Un *kî-yah* plus aigu que celui de la Sterne pierregarin ; émet aussi un *tr-tî-ar* ou un *tî-ar*. **Habitat :** Fréquente avant tout le littoral ; se voit aussi en mer en migration.

Sterne de Dougall
36-43 cm

Roseate Tern • *Sterna dougallii* • Laridés
● 27C

La plus rare des sternes qui nichent dans le Nord-Est. Le bec noir se teinte de rouge foncé à la base l'été. Noter le dessus du corps gris pâle, l'absence de ligne noire sous la bordure des ailes et la longue queue fourchue. La calotte noire est incomplète chez l'adulte en plumage d'hiver et l'immature. Sexes semblables. **Voix :** Un *tchi-ouîp* ou *tchou-ick* dissyllabique et caractéristique. Le cri est plus doux que celui de la Sterne pierregarin. **Habitat :** Espèce marine, qui ne s'éloigne jamais beaucoup de la mer ; niche sur des îlots côtiers.

Sterne caspienne
48-58 cm

Caspian Tern • *Sterna caspia* • Laridés
● 27D

Sterne grosse comme un goéland ; son gros bec rouge orangé est caractéristique. Le dessus de la tête et le front sont noirs chez l'adulte en plumage nuptial et rayés de blanc chez l'immature et l'adulte en hiver. Sexes semblables. En vol, noter le dessus des ailes entièrement gris ainsi que le dessous foncé des primaires. **Voix :** Un cri rauque et grave : *kra-ak* ou *kârrr*. **Habitat :** Sterne de l'intérieur du continent, qui niche sur de petites îles ; se voit en eau douce ou salée en migration.

Guifette noire
23-27 cm

Black Tern • *Chlidonias niger* • Laridés
● 27E

Le corps noir de l'adulte en plumage nuptial l'identifie facilement. Le dos ainsi que le dessus des ailes et de la queue sont gris foncé. Chez l'immature et l'adulte en plumage d'hiver, le dessous du corps est blanc. Sexes semblables. **Voix :** Un *kik* sec. **Habitat :** Fréquente surtout les grands marais d'eau douce lors de la reproduction. Passe près de la côte en migration.

Sterne pierregarin

été

juvénile

été

hiver

été

hiver

Sterne arctique

juvénile

été

juvénile

été

Sterne de Dougall

été

hiver

Sterne caspienne

été

Guifette noire

juvénile

été

hiver

été

été

Vaste groupe d'oiseaux aux silhouettes et aux formes diverses. Ces prédateurs chassent les mammifères, les oiseaux ou les insectes, se nourrissent d'animaux morts comme l'urubu, ou encore pêchent comme le balbuzard. Sauf l'urubu, ils ont des serres puissantes pour capturer leurs proies et un bec crochu qui leur permet de les déchiqueter. Chez la très grande majorité des espèces, la femelle est plus grande que le mâle.

Les oiseaux de proie ou rapaces sont constitués de deux ordres : les falconiformes, oiseaux de proie diurnes (sauf pour l'urubu qui appartient maintenant à l'ordre des ciconiiformes), et les strigiformes, qui chassent principalement la nuit.

Les oiseaux de proie diurnes

La taille et la silhouette aident grandement à départager les oiseaux de proie diurnes. Les oiseaux d'un même genre ont la même silhouette. Il s'agit donc d'un bon point de départ pour l'identification de ces oiseaux.

Les grands oiseaux de proie : quatre espèces figurent dans cette catégorie où la taille est le critère principal. Le pygargue, l'aigle et l'urubu ont de très grandes ailes qui leur permettent de planer longtemps. Le balbuzard a les ailes plus étroites ; c'est le plus petit du groupe.

Pygargue
à tête blanche

Les buses sont de gros oiseaux de proie trapus au bec fort. Les ailes arrondies et la queue relativement courte et carrée, rayée chez plusieurs espèces, caractérisent les buses qui tournoient en planant haut dans le ciel, souvent au-dessus des champs ou d'autres milieux ouverts où elles chassent. Les immatures sont habituellement rayés sur le dessous du corps.

Buse à queue
rousse

Les éperviers sont essentiellement forestiers et se nourrissent principalement d'oiseaux. Leur longue queue et leurs ailes courtes et arrondies facilitent leur vol en forêt. Ce vol est rapide et constitué de quelques battements d'ailes suivis de planés. Les immatures sont plus rayés que les adultes.

Épervier brun

La Busard Saint-Martin est le seul représentant de son genre en Amérique du Nord. Svelte, il a de longues ailes arrondies et une longue queue et il plane près du sol à la recherche de ses proies.

Busard Saint-Martin

Les faucons forment le dernier grand groupe. Ces oiseaux aérodynamiques ont des ailes pointues et une longue queue ; le vol droit avec de courts glissés est également caractéristique.

Faucon
pèlerin

Les oiseaux de proie nocturnes

Les hiboux et les chouettes chassent principalement la nuit même si certaines espèces, comme le harfang, sont surtout actifs le jour et que d'autres, comme le Hibou des marais, chassent à la tombée du jour. Ces oiseaux sont particulièrement bien adaptés à l'obscurité ; ils surprennent leurs proies par leur vol silencieux et se guident grâce à leur ouïe particulièrement développée. Comme leurs oreilles ne sont pas disposées de façon symétrique, ils peuvent repérer leurs proies avec une très grande précision.

La présence ou l'absence d'aigrettes sur la tête permet de diviser les rapaces nocturnes en deux grandes catégories : les hiboux et les chouettes, qu'on subdivise ensuite selon la taille.

Grand-duc d'Amérique

Chouette rayée

Urubu à tête rouge
67-81 cm

Turkey Vulture • *Cathartes aura* • Cathartidés

Gros oiseau très noir, dont la petite tête est rouge chez l'adulte et noirâtre chez l'immature. En vol, le motif bicolore sous les ailes, bien visible lorsque l'oiseau plane, la longue queue et la très petite tête caractérisent l'urubu. Plane les ailes relevées en V par rapport à l'horizontale. Sexes semblables. La Buse pattue de forme sombre a un motif bicolore semblable sous les ailes, mais elle est plus petite et elle porte une bande noire au bout d'une queue pâle. **Voix:** Généralement silencieux; émet quelques sifflements et grognements. **Habitat:** Souvent observé alors qu'il plane au-dessus de vastes milieux ouverts à la recherche de nourriture. Niche sur les escarpements rocheux, sous les amas de roches ou dans les sous-bois.

Pygargue à tête blanche
76-94 cm

Bald Eagle • *Haliaeetus leucocephalus* • Accipitridés   ⬤28A

Grand oiseau foncé; le gros bec jaune et, chez l'adulte, la tête et la queue blanches permettent de l'identifier, posé ou en vol. L'immature est foncé, plus ou moins marqué de blanc selon l'âge; ce n'est que vers quatre ou cinq ans que l'oiseau acquiert le plumage adulte. En vol, le dessous des ailes, de la queue et du corps de l'immature est marqué de blanc, alors que chez l'immature de l'Aigle royal, le blanc est restreint à la base des primaires. Vole en tenant les ailes très horizontales. Sexes semblables. **Voix:** Un *klik-kik-ik-ik-ik* grinçant. **Habitat:** En période de reproduction, se tient généralement près de l'eau: lacs, rivières, bord de mer.

Aigle royal
76-104 cm

Golden Eagle • *Aquila chrysaetos* • Accipitridés   ⬤ 28B

Gros oiseau de proie au corps foncé. Les reflets dorés sur la tête de l'adulte ne sont visibles que sous un bon éclairage. En vol, il est par contre facile de voir chez l'immature les taches blanches à la base des primaires ainsi que la queue blanche terminée par une large bande noire, ce qui le différencie du jeune Pygargue à tête blanche, dont le blanc n'est pas restreint à la base des primaires. Pour leur part, les adultes sont dépourvus de marques blanches et sont uniformément foncés. Sexes semblables. **Voix:** Habituellement silencieux bien qu'il puisse émettre un sifflement. **Habitat:** Niche sur les corniches des falaises; se tient habituellement en montagne durant la période de reproduction.

Balbuzard pêcheur
53-62 cm

Osprey • *Pandion haliaetus* • Accipitridés   ⬤ 29

Noter la huppe et le bandeau noir sur les côtés de la tête blanche. En vol, c'est le dessous pâle qui le différencie des autres oiseaux de proie de grande taille. Le dessous des ailes présente une tache noire aux poignets. Les longues ailes étroites sont souvent coudées lorsque l'oiseau vole. Lorsqu'il pêche, il vole sur place, les pattes pendantes, repérant bien sa proie avant de plonger pour la saisir. Sexes semblables. **Voix:** Répète à plusieurs reprises un bref sifflement. **Habitat:** Niche près des lacs, des rivières et de la côte, où on peut le voir pêcher.

Urubu à tête rouge

adulte

immature

1re année

adulte

Pygargue à tête blanche

adulte

immature

adulte

Aigle royal

adulte

adulte

♀

Balbuzard pêcheur

♂

Petite Buse
Broad-winged Hawk • *Buteo platypterus* • Accipitridés 34-47 cm ⬤30A

Buse un peu plus petite qu'une corneille, au dessus brun foncé et aux ailes arrondies ; la queue courte est traversée par de larges bandes noires et blanches chez les adultes. En vol, chez les adultes, noter le corps roussâtre qui tranche avec le pâle des ailes, alors que chez la Buse à épaulettes le roux s'étend sous les ailes. Les immatures ont le dessous du corps pâle et la queue marquée de bandes grisâtres plus ou moins nettes. Sexes semblables. **Voix :** Un long sifflement aigu, *ouî-hîîîî*. **Habitat :** Niche en forêt ; se voit hors des bois, surtout en migration.

Buse à épaulettes
Red-shouldered Hawk • *Buteo lineatus* • Accipitridés 45-61 cm ⬤30B

Oiseau de proie svelte aux ailes et à la queue relativement longues. Noter aussi, chez l'adulte en vol, la queue rayée plus finement que chez les autres buses et le roux des couvertures sous-alaires. Les épaulettes roussâtres sont bien visibles du dessus. Les immatures ont les couvertures sous-alaires marquées d'un roux plus ou moins intense selon les individus. En tous plumages, noter la « fenêtre » translucide à la base des primaires. Sexes semblables. **Voix :** Le cri consiste en une suite de *kî-a, kî-a* émis à intervalles fixes. **Habitat :** Niche dans les bois de feuillus âgés situés près des champs ou des cours d'eau.

Buse à queue rousse
Red-tailed Hawk • *Buteo jamaicensis* • Accipitridés 48-61 cm ⬤30C

Buse de grande taille au dos brun tacheté de blanc et aux ailes larges et arrondies. La queue courte, très ouverte, au dessous roux chez l'adulte, et les stries qui forment une ceinture sur le ventre caractérisent l'espèce. En vol, chez les individus qui tournoient dans le ciel, on voit bien la queue unie, blanc rosé dessous. L'immature est le seul de nos régions à avoir la queue pâle et à peine barrée. Sexes semblables. **Voix :** Le cri, un *krîîîîîrrrr* descendant vers la fin, ressemble à une longue plainte. **Habitat :** Niche dans les forêts en bordure des champs où elle chasse les petits rongeurs. En migration et en hiver, fréquente les champs parsemés de grands arbres.

Buse pattue
Rough-legged Hawk • *Buteo lagopus* • Accipitridés 50-59 cm

Buse de grande taille au dessus brunâtre et aux ailes longues. Elle présente deux formes de coloration, non reliées au sexe : une pâle et une foncée, plus rare. Sexes semblables. En vol, la queue est toujours blanche, avec une large bande noire à l'extrémité. Chez la forme claire, il y a des marques sombres aux poignets. L'immature a la tête beige et une bande noire très foncée sur le ventre, sans les stries de la Buse à queue rousse. La forme sombre se caractérise quant à elle par le dessous du corps bicolore. C'est notre seule buse qui peut voler sur place, comme la crécerelle. **Voix :** Habituellement silencieuse dans le sud du Canada ; émet un cri perçant. **Habitat :** Niche dans la toundra ; dans nos régions, en migration et en hiver, elle fréquente les champs et autres milieux ouverts.

Petite Buse

adulte

adulte

adulte

immature

Buse à épaulettes

adulte

adulte

immature

adulte

Buse à queue rousse

adulte

adulte

adulte

immature

Buse pattue

forme foncée adulte

forme claire
♂

forme claire
♀

forme claire
immature

adulte

Épervier brun   25-36 cm
Sharp-shinned Hawk • *Accipiter striatus* • Accipitridés   31A

Petit oiseau de proie, gros comme un geai, à longue queue carrée et aux ailes courtes et arrondies. Les adultes, gris-bleu, diffèrent des immatures brunâtres au dessous fortement rayé. Sexes semblables; les femelles sont plus grosses que les mâles. Le vol caractéristique alterne habituellement trois battements d'ailes et un court vol plané. Noter que la tête dépasse moins les ailes déployées que chez l'Épervier de Cooper. **Voix:** Un *kek kek kek kek* aigu et répété. **Habitat:** Niche en forêts de feuillus ou mixtes. Certains éperviers qui passent ou hivernent dans nos régions viennent parfois capturer des passereaux près des mangeoires.

Épervier de Cooper   35-51 cm
Cooper's Hawk • *Accipiter cooperii* • Accipitridés   31B

Assez rare et localisé, l'Épervier de Cooper est à peu près identique à l'Épervier brun, en plus gros. Ses couleurs sont les mêmes mais sa queue est légèrement arrondie plutôt que carrée. L'immature brunâtre a la poitrine marquée de raies brunes. Sexes de même coloration, les femelles étant plus grosses que les mâles. En vol, alterne les battements d'ailes avec des planés un peu plus longs que ceux de l'Épervier brun. Noter aussi que la tête se projette bien à l'avant des ailes déployées. **Voix:** Un *kek kek kek kek* aigu et répété, semblable à celui de l'Épervier brun; rappelle le cri du Pic flamboyant. **Habitat:** Niche dans les forêts méridionales assez denses; fréquente aussi les bois entourés de terrains ouverts. Chasse surtout en forêt.

Autour des palombes   51-66 cm
Northern Goshawk • *Accipiter gentilis* • Accipitridés   31C

Notre plus gros épervier. Chez l'adulte, le sourcil blanc contraste avec le bandeau noir sur l'oeil. Ce sourcil est plus pâle chez l'immature. Comme chez les autres éperviers, la femelle est plus grosse que le mâle; sexes semblables. En vol, noter le dessous du corps très pâle chez l'adulte ainsi que le battement puissant des ailes. L'alternance de battements d'ailes et de planés est moins systématique que chez les deux autres éperviers. L'immature, brunâtre, a le dessous rayé. **Voix:** De courts *kek kek kek* secs et répétés. **Habitat:** Niche en forêt; on l'observe également dans les clairières ainsi qu'en bordure des forêts alors qu'il chasse.

Busard Saint-Martin   45-61 cm
Northern Harrier • *Circus cyaneus* • Accipitridés   32

Oiseau de proie svelte, de taille moyenne, caractérisé par une longue queue et de longues ailes. En tous plumages, la tache blanche du croupion caractérise l'espèce. Le mâle au plumage gris diffère de la femelle brune. Les immatures ressemblent à la femelle mais sont plus foncés sur le dessous du corps. En vol, il chasse près du sol en alternant les battements d'ailes avec les longs vols planés; il semble se balancer, suspendu à ses ailes. **Voix:** Émet un léger sifflement lorsqu'il est dérangé. **Habitat:** En période de reproduction, on le voit voler au ras des champs ou des marais, d'eau douce ou d'eau salée. Fréquente différents types de milieux ouverts.

Épervier brun

immature   adulte

immature   adulte

immature

adulte

immature

Épervier de Cooper

adulte

immature

Autour des palombes

adulte

immature   adulte

♂

♀

Busard Saint-Martin

♀

immature

♂

Crécerelle d'Amérique
American Kestrel • *Falco sparverius* • Falconidés

23-31 cm
⦿ 33A

Le plus petit faucon du Nord-Est est le plus coloré; c'est le seul qui présente du roux sur le dos et le dessus de la queue. Le roux couvre également les ailes de la femelle; celles du mâle sont bleutées. Noter aussi les deux favoris noirs. En vol, la silhouette typique de faucon, ailes pointues et queue longue et étroite, est bien visible. Vole souvent sur place au-dessus d'un champ. **Voix:** Son cri *kili-kili-kili* est fort et ressemble à celui d'une crécelle, ce qui lui a d'ailleurs valu son nom. **Habitat:** Chasse en terrains ouverts en période de reproduction comme en hiver; se perche fréquemment sur les fils électriques. Niche dans les trous d'arbres, quelquefois dans les nichoirs, en bordure de milieu ouvert.

Faucon émerillon
Merlin • *Falco columbarius* • Falconidés

25-33 cm
⦿ 33B

Petit faucon qu'on voit chasser en milieu ouvert où il passe en vol au ras de la végétation. La femelle et les immatures ont le même plumage brun; le mâle adulte est gris-bleu. En vol, noter la couleur uniforme sur le dessus du corps, des ailes et de la queue. **Voix:** Généralement silencieux, même en période de reproduction. Lorsqu'il est dérangé ou que les jeunes quittent le nid, il peut émettre une série de cris qui ressemblent à ceux de la crécerelle. **Habitat:** Niche principalement en forêt de conifères. En migration, passe souvent en milieu ouvert, en particulier sur les rives et au-dessus des vasières où se rassemblent les limicoles.

Faucon pèlerin
Peregrine Falcon • *Falco peregrinus* • Falconidés

38-54 cm
⦿ 33C

Le capuchon foncé et les larges moustaches des côtés de la tête caractérisent tous les plumages de ce faucon, le plus gros de ceux qui nichent dans le sud du Canada. Les adultes ont un plumage gris-bleu tandis que l'immature est plutôt brun et fortement rayé dessous. Sexes semblables. En vol, noter les ailes pointues typiques des faucons et la longue queue étroite. **Voix:** En période de reproduction, émet une série de *kak-kak-kak* lorsqu'il est près du nid. **Habitat:** Niche sur les corniches des falaises en milieu ouvert, sur la structure des ponts et sur les gratte-ciel dans les villes.

Faucon gerfaut
Gyrfalcon • *Falco rusticolus* • Falconidés

53-63 cm

Gros faucon massif au vol lourd et aux ailes plus rondes que les autres faucons. Il existe dans la nature trois colorations de l'oiseau, indépendantes du sexe ou de l'âge. Les individus au plumage blanc nichent habituellement plus au nord et sont plus rares dans le sud du Canada. Le dessous du corps est finement rayé chez les oiseaux des formes foncées. Sexes semblables. **Voix:** Généralement silencieux loin de son aire de reproduction. Cri d'alarme: *kié-kié-kié* nasillard et rauque. **Habitat:** Niche dans la toundra arctique. Dans le sud du Canada, observé en nombre variable selon les années, en hiver et en migration, alors qu'il fréquente surtout différents types de milieux ouverts.

Crécerelle d'Amérique

♂

♀

♂

Faucon émerillon

♂

♀

♂

Faucon pèlerin

adulte

immature

adulte

Faucon gerfaut

forme blanche

forme brune

forme grise

forme grise

Grand-duc d'Amérique

46-63 cm

Great Horned Owl • *Bubo virginianus* • Strigidés ◉ 34A

Hibou de forte taille et massif, facile à identifier à ses longues aigrettes et à la marque blanche sur la gorge. On voit souvent, perchés près du nid, les jeunes encore recouverts d'un duvet blanc. Sexes semblables, la femelle étant plus grosse que le mâle. **Voix :** Une série de hululements graves, *hou-hou-hou*, *hou*, *hou*, qu'on entend au crépuscule et durant la nuit. **Habitat :** Niche dans des habitats très divers : forêt, bord des marais, orée des bois d'où il part chasser dans les champs à la tombée de la nuit.

Hibou moyen-duc

33-41 cm

Long-eared Owl • *Asio otus* • Strigidés ◉ 34B

Probablement le hibou le plus discret. Beaucoup plus petit que le Grand-duc d'Amérique, ce hibou longiligne se distingue par son disque facial orangé et ses longues aigrettes rapprochées. Sexes semblables, la femelle étant plus grosse que le mâle. **Voix :** Un faible *hou*, parfois répété. Hors du nid, les jeunes émettent un cri un peu semblable à celui du Pluvier kildir (*kîîî* ou *ki-kîîî*). **Habitat :** Parfois découvert perché dans la végétation dense en bordure des champs où il chasse, la nuit. Niche à l'orée des forêts mixtes ou de conifères, dans les boisés de ferme, les parcs et les vergers.

Chouette rayée

46-58 cm

Barred Owl • *Strix varia* • Strigidés ◉ 34C

La grosse tête ronde dépourvue d'aigrettes et les yeux foncés caractérisent cette chouette. Noter le motif ressemblant à un foulard, formé par les rayures horizontales sur le haut de la poitrine de l'oiseau, ainsi que les bandes verticales brunes sur le ventre. Sexes semblables. **Voix :** Chant rythmé, parfois émis en plein jour, et rendu par *hou hou, hou hou-hourr*. **Habitat :** Niche dans les forêts aux arbres âgés riches en cavités.

Chouette lapone

64-84 cm

Great Gray Owl • *Strix nebulosa* • Strigidés ◉ 34D

Très grande chouette grisâtre au plumage duveteux et à la tête ronde. Elle se distingue de la Chouette rayée par ses yeux jaunes placés au centre d'un grand disque facial, et par la tache blanche sur la gorge. Sexes semblables. **Voix :** Silencieuse en hiver, elle émet une série de *hou* graves en période de nidification. **Habitat :** Visiteur surtout hivernal qui chasse, souvent en plein jour, en milieu ouvert ou dans les forêts claires ; niche en forêt boréale.

Harfang des neiges

56-69 cm

Snowy Owl • *Bubo scandiacus* • Strigidés ◉ 34E

Gros hibou blanc aux yeux jaunes et au plumage plus ou moins marqué de taches brunâtres. La densité de ces taches varie avec l'âge et le sexe des individus. Les adultes sont moins marqués que les jeunes ; les mâles sont plus blancs et plus petits que les femelles. Il est toutefois difficile de déterminer le sexe et l'âge des harfangs observés en nature. **Voix :** Silencieux en hiver ; en été, un *hou hou*, émis généralement à deux reprises, un *hou* simple et quelques aboiements. **Habitat :** Visiteur hivernal venu de l'Arctique, qui fréquente les milieux ouverts dans nos régions.

Grand-duc d'Amérique

immature

adulte

Hibou moyen-duc

Chouette rayée

Chouette lapone

Harfang des neiges

♀

♂

Petit-duc maculé
18-24 cm
Eastern Screech-Owl • *Megascops asio* • Strigidés   ⬤ 35A

Notre plus petit hibou présente deux formes de coloration indépendantes du sexe, l'une grise et l'autre rousse, plus rare ici. Le dessous rayé de l'oiseau se marie à l'écorce des arbres et le camoufle bien à l'entrée de son trou. Sexes semblables. **Voix :** Un long hennissement ou une série de sifflements qui baissent vers la fin. **Habitat :** Niche dans un trou d'arbre dans les parcs urbains, les vergers, les érablières et les bois de feuillus.

Petite Nyctale
18-22 cm
Northern Saw-whet Owl • *Aegolius acadicus* • Strigidés   ⬤ 35B

Chouette plus petite qu'un merle. Noter la couleur rougeâtre, le disque facial bordé de brun et le bec qui est foncé alors que celui de la Nyctale de Tengmalm est pâle. Sexes semblables. Les jeunes sont très différents, avec une tête foncée et une marque blanche au-dessus du bec et des yeux. **Voix :** Longue série de sifflements courts et monotones émis par le mâle durant la saison de reproduction. **Habitat :** Niche dans les forêts denses et humides. Essentiellement nocturne, cette nyctale se révèle parfois à l'observateur durant le jour, tapie dans un conifère.

Nyctale de Tengmalm
22-27 cm
Boreal Owl • *Aegolius funereus* • Strigidés   ⬤ 35C

La plus rare des deux nyctales. Noter le front moucheté, le disque facial bordé de noir et le bec pâle, contrairement à celui de la Petite Nyctale. Sexes semblables. Les jeunes sont très différents des adultes, la tête et le haut du corps étant brun foncé. **Voix :** En période de reproduction, cette nyctale hulule une série de *hou*. **Habitat :** Niche principalement en forêt boréale. On peut l'observer en hiver, au sud de son aire de reproduction, dans divers habitats.

Chouette épervière
37-43 cm
Northern Hawk-Owl • *Surnia ulula* • Strigidés   ⬤ 35D

Chouette élancée, à longue queue, dont la silhouette rappelle celle d'un épervier. Noter le disque facial bordé de noir et le ventre fortement rayé. Agite fréquemment la queue lorsqu'elle est perchée. Sexes semblables. **Voix :** Silencieuse en hiver ; émet des cris variés et des caquètements aigus ainsi qu'un *ki-ki-ki-ki* rappelant un faucon. **Habitat :** Niche aux abords des tourbières dans la forêt boréale et descend plus au sud certains hivers. Active de jour, elle chasse à l'affût, perchée à la cime d'un arbre ou au sommet d'un poteau.

Hibou des marais
33-43 cm
Short-eared Owl • *Asio flammeus* • Strigidés   ⬤ 35E

Hibou aux teintes dorées, de taille moyenne, avec de petites aigrettes peu visibles. Son vol irrégulier rappelle celui d'un papillon. Noter le dessous pâle des ailes marqué d'une tache foncée au poignet, bien visible en vol. Sexes semblables. **Voix :** En période de reproduction, ce hibou émet une sorte d'aboiement. **Habitat :** Niche en milieu ouvert. On l'observe souvent en fin de journée, à la chasse au-dessus des champs et des marais.

Petit-duc maculé

forme rousse

forme grise

Petite Nyctale

adulte

juvénile

Nyctale de Tengmalm

adulte

juvénile

Chouette épervière

Hibou des marais

Hibou des marais

Busard Saint-Martin

GALLINACÉS

Oiseaux terrestres brunâtres, apparentés à la poule de basse-cour, qui vivent principalement au sol. Leur vol est puissant même si ces oiseaux ne font généralement que de courts déplacements en vol. L'envol est particulièrement bruyant. Les lagopèdes sont des espèces nordiques dont le plumage passe du brun et blanc en été au blanc en hiver ; leurs pattes sont entièrement emplumées. La perdrix et le faisan ont été introduits en Amérique du Nord à partir de l'Eurasie.

PIGEON, TOURTERELLE ET COULICOUS

La grande famille des columbidés ne compte que deux représentants dans le nord-est du continent, le pigeon et la tourterelle. Ces oiseaux dodus à petite tête et au vol rapide émettent des roucoulements caractéristiques. La queue est carrée chez le pigeon et effilée chez la tourterelle. Sveltes, les coulicous sont d'élégants oiseaux brun et blanc dont la longue queue est marquée de taches blanches caractéristiques sur le dessous.

Tourterelle triste

MOUCHEROLLES ET TYRANS

Oiseaux insectivores qui chassent à l'affût et capturent leurs proies en vol. Généralement perchés à la verticale, ils s'envolent au passage d'un insecte qu'ils capturent d'un claquement du bec ; ils reviennent aussitôt se percher au même endroit. Le bec aplati garni de vibrisses à la base facilite la capture d'insectes en vol. Les petits moucherolles du genre *Empidonax* ont un plumage très semblable mais se distinguent facilement par la voix durant la période de reproduction.

Tyran tritri

ENGOULEVENTS, MARTINET ET HIRONDELLES

Engoulevents, martinet et hirondelles se nourrissent tous d'insectes capturés en vol, les engoulevents prenant la relève des autres espèces à la nuit tombée. Tous ces oiseaux ont des pattes courtes, un petit bec et une bouche très large, garnie de vibrisses chez les engoulevents. Les hirondelles ont un vol moins saccadé que le martinet et les engoulevents ; l'Hirondelle noire, l'Hirondelle de rivage et l'Hirondelle à front blanc nichent en colonies.

Hirondelle bicolore

COLIBRI, MARTIN-PÊCHEUR, GEAI ET MÉSANGEAI

Le Colibri à gorge rubis est le seul membre de cette famille d'oiseaux minuscules à nicher dans le nord-est du continent. Bagarreurs, les colibris sont très agiles en vol; ils se nourrissent du nectar des fleurs et de minuscules insectes. Oiseau aquatique à grosse tête, le Martin-pêcheur d'Amérique est le seul martin-pêcheur de nos régions. Il se nourrit de poissons qu'il capture en plongeant tête première dans l'eau. Geai et mésangeai appartiennent à la famille des corvidés; ils sont omnivores. Le Geai bleu visite les mangeoires alors que le mésangeai n'hésite pas à s'approcher des gens et à prendre dans la main la nourriture qui lui est offerte.

Colibri à gorge rubis

OISEAUX NOIRS

On regroupe ici sous l'appellation d'« oiseaux noirs » des oiseaux appartenant à différentes familles. Les plus gros, le corbeau et la corneille, sont des corvidés et leur régime est omnivore. Les quiscales, les carouges, le vacher et le goglu sont des ictéridés, oiseaux granivores qui consomment cependant des insectes durant la saison de reproduction. L'Étourneau sansonnet est un sturnidé; il se nourrit surtout d'insectes. Les corneilles, quiscales, vachers, carouges et étourneaux sont grégaires hors de la saison de nidification.

Corneille d'Amérique

PICS

Oiseaux arboricoles aux courtes pattes et à la queue rigide leur permettant de grimper au tronc des arbres à la recherche de nourriture. Ils se nourrissent d'insectes qu'ils saisissent à l'aide de leur longue langue. Le Pic flamboyant se nourrit aussi de fourmis qu'il capture au sol. Leur vol est généralement onduleux.

Pic mineur

Perdrix grise
31-33 cm

Gray Partridge • *Perdix perdix* • Phasianidés

Gallinacé rondelet qui ressemble à une petite poule grise. Le fer à cheval marron sur le ventre du mâle caractérise l'espèce. Noter aussi la couleur rouille sur la tête et la face du mâle. La femelle se distingue du mâle par la couleur délavée de la face et l'absence de tache ventrale. En vol, noter la queue courte, rousse sur les côtés, facile à voir chez les oiseaux qu'on lève. **Voix:** Cri rauque; caquette également à l'envol. **Habitat:** Cette espèce s'observe plus facilement en hiver, alors que les perdrix se regroupent en petites bandes sur la neige et fréquentent les champs cultivés où elles nicheront la saison suivante.

Faisan de Colchide
46-91 cm

Ring-necked Pheasant • *Phasianus colchicus* • Phasianidés ● 36A

Gros gallinacé brunâtre. La queue effilée est très longue, encore plus chez le mâle. Noter le plumage bronzé ainsi que le collier blanc du mâle, dont la tête verte est ornée de caroncules rouges. La femelle brunâtre n'a pas la tête colorée du mâle. En vol, on remarque la longue queue, ainsi que les ailes courtes et arrondies. **Voix:** Un coup de klaxon fort et rauque, *koork kook*, émis durant la saison de reproduction et de façon sporadique. **Habitat:** Fréquente les champs cultivés, l'orée des bois et les terrains broussailleux; dans nos régions, cette espèce ne pourrait survivre aux rigueurs de l'hiver sans qu'on la nourrisse.

Dindon sauvage
91-122 cm

Wild Turkey • *Meleagris gallopavo* • Phasianidés ● 36B

Le plus gros gallinacé du continent est très localisé chez nous. Noter le plumage foncé et irisé que le mâle met particulièrement en évidence au moment de la saison de reproduction, tôt au printemps, alors qu'il se pavane en faisant la roue, la queue bien ouverte et le plumage gonflé. Les caroncules rouges sur la tête violacée et la gorge sont alors gonflées et bien en évidence. La femelle, plus petite que le mâle et dépourvue de caroncules, a un plumage plus brun et moins irisé. Les deux sexes ont l'extrémité de la queue rousse. **Voix:** Le mâle émet des gloussements retentissants qui portent à plus d'un kilomètre. **Habitat:** Niche dans les forêts de feuillus âgées de l'extrême-sud du Québec; arpente l'orée du bois ou les champs cultivés, en bordure des forêts.

Perdrix grise ♀ ♂ ♂

Faisan
de Colchide ♀ ♀ ♂ ♂

Dindon sauvage ♂ ♂ ♀

Gélinotte huppée
Ruffed Grouse • *Bonasa umbellus* • Phasianidés

41-48 cm
36C

Gallinacé le plus répandu du Nord-Est. Cet oiseau brun doit son nom à sa petite huppe à peine visible. On le reconnaît surtout à sa queue rayée, terminée par une bande foncée qui est interrompue chez la femelle. Cette bande terminale se voit mieux en vol, quand la gélinotte décolle à l'improviste devant l'observateur, dans un fracas d'ailes, en étalant sa queue. **Voix :** Le tambourinage régulièrement accéléré est produit avec les ailes ; il rappelle le bruit d'un vieux moteur qui démarre. **Habitat :** Fréquente les forêts autant décidues que mixtes, particulièrement là où le sous-bois est dense.

Tétras du Canada
Spruce Grouse • *Falcipennis canadensis* • Phasianidés

38-43 cm
36D

Gallinacé très sombre. Chez le mâle, le noir couvre une zone bien délimitée sur la gorge et la poitrine. Noter aussi la caroncule rouge au-dessus de l'oeil, plus évidente quand elle est gonflée. La femelle est brunâtre et très rayée ; elle se distingue de la Gélinotte huppée par sa queue foncée à bout roux plus facile à voir chez les individus en vol, autant la femelle que le mâle. **Voix :** Générale-ment silencieux ; émet quelques gloussements gutturaux. **Habitat :** Fréquente la forêt coniférienne et les tourbières en toutes saisons.

Tétras à queue fine
Sharp-tailed Grouse • *Tympanuchus phasianellus* • Phasianidés

42-47 cm
36E

La queue pointue de cette espèce permet de la distinguer de tous les autres gallinacés brunâtres, notamment de la Gélinotte huppée qui étale sa queue en éventail. Noter aussi le dessous du corps plus pâle que chez les autres gallinacés et dépourvu des nombreuses rayures horizontales de la femelle du Tétras du Canada. En vol, les côtés blancs de la queue sont caractéristiques. **Voix :** Les mâles émettent un gloussement et des caquètements dans les arènes où ils paradent ensemble pour attirer les femelles. **Habitat :** Fréquente surtout les tourbières, les brûlés et les coupes forestières en régénération.

Lagopède des saules
Willow Ptarmigan • *Lagopus lagopus* • Phasianidés

36-43 cm
36F

Petit gallinacé entièrement blanc en hiver, sauf pour la queue noire, bien visible en vol. La tête, le cou et le dessus du corps sont brun roux en été. Le Lagopède alpin, beaucoup plus nordique, descend parfois au sud de son aire certains hivers. En hiver, le mâle se distingue du Lagopède des saules par le bec plus petit et la ligne noire entre l'oeil et la base du bec, présente chez certains individus. **Voix :** Le mâle émet un cri saccadé assez particulier. **Habitat :** Niche dans la toundra ; certaines années, il envahit la limite nord des régions habitées, au sud de son aire de répartition ; il s'alimente alors de bourgeons de petits saules en bordure des routes et des chemins forestiers.

Gélinotte huppée ♂ ♀

Tétras du Canada ♂ ♂ ♀ ♂

Tétras à queue fine ♂ ♂

hiver

hiver

hiver

Lagopède alpin

Lagopède des saules

L. des saules en mue

Pigeon biset
28-34 cm

Rock Pigeon • *Columba livia* • Columbidés ◉37

C'est le membre le plus connu de sa famille ; les couleurs sont très variées et résultent de la domestication ; les oiseaux ayant le plumage typique de l'espèce sont gris avec du blanc sur le croupion. Sexes semblables. En vol, noter aussi les deux bandes alaires noires et la bande foncée au bout de la queue carrée. S'envole souvent bruyamment et plane en tenant les ailes bien hautes. **Voix :** Un roucoulement doux : *cou cou-rou.* **Habitat :** Ce pigeon habite les villes et les villages ; on le trouve dans les parcs et près des grands édifices à la ville, ainsi qu'aux abords des fermes à la campagne.

Tourterelle triste
28-33 cm

Mourning Dove • *Zenaida macroura* • Columbidés ◉ 38

Oiseau brun-olive, à longue queue, plus svelte que le pigeon. La petite tête et la longue queue permettent d'identifier facilement cette espèce à sa silhouette, en particulier quand elle est perchée en évidence sur un fil. Sexes semblables. En vol, noter les bords blancs de la queue et le vol rapide. **Voix :** Une plainte douce et mélancolique, *hou-ah-hou hou hou.* Les ailes produisent un sifflement à l'envol. **Habitat :** Fréquente les champs, les fermes, les villages et les villes ; se tient souvent en bordure des routes.

Coulicou à bec noir
28-32 cm

Black-billed Cuckoo • *Coccyzus erythropthalmus* • Cuculidés ◉39A

Cet oiseau brun et blanc, à silhouette élancée, est notre coulicou le plus commun. Sa longue queue étagée est marquée en dessous de petites taches blanches à l'extrémité des rectrices. De près, noter le cercle oculaire rouge et le bec entièrement noir. Sexes semblables. Chez le juvénile, le cercle oculaire est jaune et l'aile est parfois marquée de brun roux. En vol, se distingue du Coulicou à bec jaune par le dessus nerf des ailes. **Voix :** *Coucoucou-coucoucou-coucoucou* rapide. **Habitat :** Niche en bordure des jeunes bois clairs, au bord des cours d'eau et des marais ainsi que dans les friches.

Coulicou à bec jaune
28-32 cm

Yellow-billed Cuckoo • *Coccyzus americanus* • Cuculidés ◉39B

Oiseau brun et blanc à silhouette élancée et à longue queue étagée caractéristique des coulicous. On le distingue du Coulicou à bec noir, beaucoup plus commun, par les grandes taches blanches sur le bout des rectrices et sous la queue et par la mandibule jaune. Sexes semblables. En vol, les taches rousses sur les ailes permettent de le différencier assez facilement du Coulicou à bec noir. **Voix :** Plutôt cacophonique ; une longue série de *ka* et de *kouop* dont les notes sont détachées à la fin du chant, *ka-ka-ka-ka-ka-ka-ka-ka-kow-kow-kouop-kouop-kouop.* **Habitat :** Niche dans les bois clairs et les vergers, ainsi que le long des routes et des cours d'eau. On le trouve aussi dans les friches envahies de buissons. Visite parfois nos régions à l'automne.

Pigeon biset

forme typique

autres formes de coloration

Tourterelle triste

Coulicou à bec noir

1er automne

Coulicou à bec jaune

Moucherolle à côtés olive 18-20 cm
Olive-sided Flycatcher • *Contopus cooperi* • Tyrannidés ● 40A

Moucherolle de bonne taille, à grosse tête et au dessus du corps olivâtre qui se perche en évidence au sommet d'un arbre mort ou d'un conifère. Noter les zones sombres de part et d'autre de la poitrine ainsi que les deux touffes de plumes blanches, tout près du croupion, qui sont souvent visibles même sur l'oiseau perché. Sexes semblables. **Voix :** Un sifflement fort rendu par *Vite ! Trois bières*. **Habitat :** Niche dans les éclaircies en forêt mixte ou boréale, souvent près de l'eau : étangs à castors, lisières de coupes forestières, clairières, tourbières et brûlés, partout où il y a des perchoirs pour faire le guet.

Moucherolle phébi 16-18 cm
Eastern Phoebe • *Sayornis phoebe* • Tyrannidés ● 40B

Moucherolle brunâtre, gros comme un moineau, qui hoche souvent la queue lorsqu'il est perché. On le distingue du pioui et des autres moucherolles par les teintes sépia de la tête et du dos, par son bec entièrement noir et par l'absence de bandes alaires nettes, quoique le jeune puisse avoir un semblant de bandes alaires beiges. Le ventre est jaunâtre en automne. Sexes semblables. **Voix :** *Fé-l-bili* ou *fé-brî* souvent répété pendant de longues périodes. **Habitat :** Aime le bord des cours d'eau et des étangs ; fréquente aussi le bord des routes et les jardins. Niche souvent sous les petits ponts et à l'abri de l'avant-toit des bâtiments.

Tyran tritri 20-22 cm
Eastern Kingbird • *Tyrannus tyrannus* • Tyrannidés ● 41A

La bande blanche au bout de la queue de cet oiseau noir et blanc l'identifie à coup sûr, autant en vol que posé en évidence, comme c'est souvent le cas. Noter la posture verticale typique des moucherolles. Sexes semblables. En vol, noter le mouvement saccadé des ailes et le bout blanc de la queue. **Voix :** Cri, succession aiguë et rapide de *kzii* ou *k-zii*, suivi d'un babillage peu mélodieux. **Habitat :** Niche à l'orée des bois, dans les champs et les pâturages, surtout en zones de bocage, dans les vergers et au bord des marais, des lacs, des étangs et des cours d'eau.

Tyran huppé 20-23 cm
Great Crested Flycatcher • *Myiarchus crinitus* • Tyrannidés ● 41B

La silhouette dressée de cette espèce est caractéristique des tyrans. Noter la huppe ébouriffée, la tête foncée ainsi que le haut de la poitrine grisâtre qui tranche nettement avec le jaune du ventre. Le roux de la queue facilite également l'identification de ce gros tyran. Sexes semblables. En vol, le roux des ailes et de la queue est très apparent. **Voix :** Cri fort et varié émis d'un perchoir souvent très haut : *ouip* ou un *prrit*, souvent répété plusieurs fois. **Habitat :** Niche dans les forêts de feuillus ou mixtes relativement claires et les grands jardins ; se voit souvent dans les érablières.

Moucherolle à côtés olive

Moucherolle phébi

en automne

Hochement de queue
du Moucherolle phébi

Tyran tritri

Tyran huppé

Pioui de l'Est
15-17 cm
Eastern Wood-Pewee • *Contopus virens* • Tyrannidés   🔘 42A

Moucherolle grisâtre, sans cercle oculaire ; ces traits le distinguent des petits moucherolles du genre *Empidonax*, notamment du Moucherolle tchébec, qui est plus petit et présente un cercle oculaire blanc bien net. Les bandes alaires blanches, chamois chez l'immature, le distinguent du Moucherolle phébi. Sexes semblables. **Voix :** Un *pîî-ouii* plaintif. **Habitat :** Observé principalement dans les forêts claires de feuillus, comme dans les érablières âgées, et dans les grands arbres de certains parcs urbains.

Moucherolle tchébec
13-14 cm
Least Flycatcher • *Empidonax minimus* • Tyrannidés   🔘 42B

Petit moucherolle grisâtre au dessous pâle. Noter les bandes alaires bien définies et le cercle oculaire blanc qui le distinguent entre autres du pioui qui peut fréquenter le même habitat en période de nidification. Sexes semblables. **Voix :** Un *tchébec* très bref, répété plusieurs fois. **Habitat :** Très répandu dans les forêts claires de feuillus ou mixtes, à l'orée des forêts et dans les bois en régénération.

Moucherolle à ventre jaune
13-15 cm
Yellow-bellied Flycatcher • *Empidonax flaviventris* • Tyrannidés   🔘 42C

Le plus jaune des moucherolles du genre *Empidonax* ; sa gorge jaune le distingue de tous les petits moucherolles, dont la gorge est plutôt grisâtre. Les ailes foncées contrastent avec le dos verdâtre de l'oiseau, ce qui n'est pas le cas des autres *Empidonax*. Sexes semblables. **Voix :** Émet un *tchrulec* moins sec que le Moucherolle tchébec ainsi qu'une courte plainte sifflée qui rappelle un peu le chant du Pioui de l'Est. **Habitat :** Plus boréal que les autres espèces : on le trouve dans les forêts conifériennes et près des tourbières.

Moucherolle des aulnes
13-17 cm
Alder Flycatcher • *Empidonax alnorum* • Tyrannidés   🔘 42D

Petit moucherolle au dessus du corps brunâtre et au dessous pâle. Noter la gorge assez blanche qui contraste avec la tête de l'oiseau. Très semblable au Moucherolle des saules mais beaucoup plus abondant que ce dernier dans le Nord-Est ; s'en distingue principalement par son chant. Sexes semblables. **Voix :** Un *rroui-biou* caractéristique, à la fois roulé et sifflé. **Habitat :** Niche en terrain humide : fourrés en bordure des cours d'eau, des lacs, des étangs, des marais et des tourbières, friches humides.

Moucherolle des saules
13-17 cm
Willow Flycatcher • *Empidonax traillii* • Tyrannidés   🔘 42E

Petit moucherolle brunâtre, très localisé dans nos régions. Il ressemble tellement au Moucherolle des aulnes qu'on ne peut le distinguer que par le chant. **Voix :** Son *fritz-biou*, très différent du cri du Moucherolle des aulnes, permet de l'identifier en période de nidification. **Habitat :** Espèce méridionale qui niche dans les fourrés en terrain souvent plus sec que le Moucherolle des aulnes.

Pioui de l'Est

Moucherolle tchébec

Moucherolle à ventre jaune

Moucherolle des aulnes

Moucherolle des saules

Engoulevent bois-pourri
23-26 cm

Whip-poor-will • *Caprimulgus vociferus* • Caprimulgidés ● 43A

C'est notre engoulevent le plus nocturne; on l'entend plus souvent qu'on le voit. Le jour, cet oiseau gris-brun, perché le long d'une branche ou posé au sol, se distingue de l'Engoulevent d'Amérique par ses courtes ailes qui, repliées, n'atteignent pas le bout de la queue, et par les mouchetures sur les primaires. En vol, noter les ailes courtes et arrondies ainsi que la longue queue également arrondie, marquée de blanc sur les côtés chez le mâle.**Voix :** Un cri fort, *ouip-pou-oui*, répété inlassablement du crépuscule jusqu'à l'aube durant la période de reproduction. **Habitat :** Fréquente les forêts claires, mixtes ou conifériennes, ainsi que les plantations de conifères.

Engoulevent d'Amérique
21-26 cm

Common Nighthawk • *Chordeiles minor* • Caprimulgidés ● 43B

Actif et visible dès la fin du jour, à la chasse dans le ciel. Noter les longues ailes pointues et barrées d'une tache blanche contrastant bien avec le corps grisâtre. La femelle n'a pas de bande blanche sur la queue et sa gorge est foncée. Difficile à distinguer de l'Engoulevent bois-pourri lorsqu'on le découvre le jour, posé le long d'une branche ou au sol; noter cependant les longues ailes repliées qui atteignent le bout de la queue et la marque blanche parfois visible sur l'aile repliée. **Voix :** Un *pint* nasillard émis en vol. Lors de la parade, les ailes produisent un vrombissement saisissant lorsque le mâle pique vers le sol. **Habitat :** Chasse les insectes en vol; on le retrouve dans les bois clairs et les brûlés ainsi qu'au-dessus des villes et des villages.

Martinet ramoneur
12-14 cm

Chimney Swift • *Chaetura pelagica* • Apodidés ● 44

Oiseau sombre qui se livre à de formidables ballets aériens. Noter les longues ailes étroites et pointues de ce petit oiseau au corps fusiforme, sans queue apparente. Le vol rapide et saccadé donne l'impression que les ailes battent en alternance. Noter aussi que les battements d'ailes alternent avec de brefs vols planés. Sexes semblables. **Voix :** Un cliquetis rapide permet de repérer le martinet dans le ciel. **Habitat :** Niche sur les parois intérieures des cheminées ou de vieux bâtiments isolés où il se réfugie à la tombée du jour; chasse les insectes dans le ciel des villes et des villages.

Hirondelle noire
19-22 cm

Purple Martin • *Progne subis* • Hirundinidés ● 45A

La plus grosse hirondelle du nord-est du continent. Les reflets violacés sur le corps du mâle sont difficiles à percevoir, mais tout le plumage est foncé, même sur le dessous du corps, ce qui le distingue des autres hirondelles. Les femelles et les jeunes ont la tête et la gorge foncées et le ventre pâle. **Voix :** Un gazouillis incluant gargouillement et notes gutturales, *piou-piou-piou*, souvent émis en chœur. **Habitat :** Se voit dans les villes et les villages et près des fermes; niche dans les nichoirs à logis multiples installés à son intention.

Engoulevent bois-pourri

♂

♂

♀

Engoulevent d'Amérique

♂

♂

Martinet ramoneur

Hirondelle noire

♂

♀

♂

♀

Hirondelle bicolore
13-16 cm

Tree Swallow • *Tachycineta bicolor* • Hirundinidés 45B

Hirondelle commune dont l'adulte combine le dessus bleu métallique et le dessous entièrement blanc, de la gorge à la queue. Sexes semblables, sauf pour la femelle d'un an qui, au premier printemps, a le dessus du corps brunâtre. Le juvénile a le dessus brun et diffère de l'Hirondelle de rivage par l'absence de bande pectorale bien nette. **Voix :** Un gazouillis, composé de *tchît*, et un *oui-tri* liquide. **Habitat :** Niche dans les trous d'arbres et les nichoirs ; recherche sa nourriture en vol au-dessus des villes, des champs et de l'eau.

Hirondelle à ailes hérissées
13-15cm

Northern Rough-winged Swallow • *Stelgidopteryx serripennis* • Hirundinidés 45C

Hirondelle au dos brun et au ventre pâle. La gorge et le haut de la poitrine sont teintés de brun pâle. Elle se distingue de l'Hirondelle de rivage, plus petite, par l'absence de collier net sur la poitrine. Sexes semblables. **Voix :** Un *brîît* rauque et grave. **Habitat :** Niche sous les ponts ; se nourrit en vol au-dessus de l'eau ou des champs à proximité du nid.

Hirondelle de rivage
12-14 cm

Bank Swallow • *Riparia riparia* • Hirundinidés 45D

Petite hirondelle au dos brun et au ventre blanc qui se démarque de toutes les autres par le collier foncé bien net ainsi que par un vol papillonnant. Sexes semblables. **Voix :** Un trille sec fait de *trrr trrr trrr* ininterrompus qu'on entend souvent près des colonies. **Habitat :** Niche en colonies ; creuse des terriers dans les sablières ou sur les talus au bord des rivières. S'alimente souvent en vol au-dessus de l'eau ou à proximité.

Hirondelle à front blanc
13-15 cm

Cliff Swallow • *Petrochelidon pyrrhonota* • Hirundinidés 45E

Le croupion chamois, bien exposé en vol, distingue cette hirondelle de toutes les autres et notamment de l'Hirondelle rustique, à laquelle elle ressemble. Noter aussi la queue courte, presque carrée, ainsi que la tache blanchâtre sur le front. Sexes semblables. **Voix :** Un jacassement de notes grinçantes et des sons gutturaux, *tcheûr, peûrr.* **Habitat :** Niche en colonies ; construit son nid sous les ponts ou sous les avancées de toit ; se nourrit en vol au- dessus de terrains ouverts.

Hirondelle rustique
15-20 cm

Barn Swallow • *Hirundo rustica* • Hirundinidés 45F

Hirondelle au dessus du corps bleu marine et à la longue queue fourchue ; des taches blanches sont bien visibles sur les rectrices lorsque l'oiseau déploie la queue en vol. Noter surtout le dessous du corps ocreux et la gorge marron des adultes. Sexes semblables. Les jeunes ont le ventre pâle. **Voix :** Le chant consiste en un gazouillis long et plaisant, ponctué de notes gutturales, *vit-vit.* **Habitat :** Niche sur les poutres des granges et sous les toits ; s'alimente en vol au-dessus des champs et des cours d'eau.

Hirondelle bicolore

♀ 1er printemps

♂

juvénile

♀

Hirondelle
à ailes hérissées

Hirondelle
de rivage

Hirondelle à front blanc

Hirondelle rustique

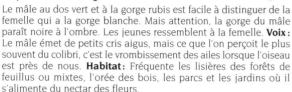

Colibri à gorge rubis
8-9 cm
Ruby-throated Hummingbird • *Archilochus colubris* • Trochilidés ● 46

Le mâle au dos vert et à la gorge rubis est facile à distinguer de la femelle qui a la gorge blanche. Mais attention, la gorge du mâle paraît noire à l'ombre. Les jeunes ressemblent à la femelle. **Voix :** Le mâle émet de petits cris aigus, mais ce que l'on perçoit le plus souvent du colibri, c'est le vrombissement des ailes lorsque l'oiseau est près de nous. **Habitat :** Fréquente les lisières des forêts de feuillus ou mixtes, l'orée des bois, les parcs et les jardins où il s'alimente du nectar des fleurs.

Martin-pêcheur d'Amérique
28-38 cm
Belted Kingfisher • *Ceryle alcyon* • Alcédinidés ● 47

La grosse tête ébouriffée et le bec long, fort et pointu de cet oiseau gris-bleu lui confèrent une silhouette bien particulière qui permet de le reconnaître aisément. Le mâle et la femelle ont tous les deux une bande bleue sur la poitrine, mais seule la femelle a du roux sur les flancs et le ventre. Vole souvent sur place au-dessus de l'eau, avant de plonger tête première pour attraper le petit poisson qui retenait son attention. **Voix :** Un crépitement fort, émis souvent en vol. **Habitat :** Fréquente le bord des cours d'eau, les lacs et divers autres plans d'eau où il y a suffisamment de poisson pour ses besoins.

Geai bleu
28-32 cm
Blue Jay • *Cyanocitta cristata* • Corvidés ● 48

Oiseau bleu et blanc de bonne taille, caractérisé par une huppe et un collier noir bien net. Les ailes bleues sont marquées de taches blanches particulièrement visibles chez les individus en vol ; noter d'ailleurs les longues ailes larges et la longue queue. Sexes semblables. **Voix :** Possède un répertoire très varié ; les cris les plus fréquents sont un *djé-djé* ou un *tii-oulou tii-oulou* répétés à plusieurs reprises. **Habitat :** Fréquente toute l'année les forêts de feuillus ou mixtes, notamment celles où poussent des chênes et des hêtres, les jeunes forêts ainsi que les parcelles boisées des banlieues et des campagnes. On l'observe souvent en bordure des routes, dans les parcs et aux mangeoires, surtout en dehors de la saison de reproduction.

Mésangeai du Canada
27-31 cm
Gray Jay • *Perisoreus canadensis* • Corvidés ● 49

Cet oiseau gris et blanc fait penser à une grosse mésange. La couronne est blanche, l'arrière de la tête et la nuque sont noirs. Noter aussi le petit bec foncé et la longue queue de cet oiseau un peu plus gros que le merle. Sexes semblables. Le jeune se distingue de l'adulte par un plumage uniformément cendré sauf pour les petites moustaches blanches. **Voix :** Cris variés et rauques ou sifflements doux ; on dirait que l'oiseau marmonne continuellement. **Habitat :** Habite à l'année la forêt boréale ; on l'observe aussi en forêt mixte en hiver.

Colibri à gorge rubis

♂

♂

♀

♀

Martin-pêcheur
d'Amérique
♂

♀

♂

♂

Geai bleu

juvénile

Mésangeai du Canada

Grand Corbeau
Common Raven • *Corvus corax* • Corvidés

56-67 cm
◉ 50

Oiseau noir de très grande taille au bec fort et à la gorge hirsute; ce sont des plumes longues et pointues qui donnent cette apparence particulière à la gorge. La taille du corbeau ainsi que son bec fort aident à le distinguer de la Corneille d'Amérique. Sexes semblables. En vol, noter surtout la queue cunéiforme qui diffère de la queue ronde de la corneille. **Voix:** Cris variés, dont un croassement rauque et grâve, *crooak*. **Habitat:** Fréquente surtout les régions boisées et montagneuses ainsi que les falaises côtières.

Corneille d'Amérique
American Crow • *Corvus brachyrhynchos* • Corvidés

43-53 cm
◉ 51

C'est probablement l'oiseau noir le mieux connu. La corneille est plus petite que le corbeau, et s'en démarque également par un bec moins fort. Sexes semblables. En vol, remarquer que l'extrémité de la queue est ronde et non cunéiforme comme chez le Grand Corbeau. **Voix:** Câ câ câ; croassement fort et bien connu. **Habitat:** Fréquente des habitats très variés: rivages maritimes, forêt, terrains ouverts, fermes, parcs urbains, etc.

Quiscale bronzé
Common Grackle • *Quiscalus quiscula* • Ictéridés

28-34 cm
◉ 52A

Oiseau noir de taille moyenne. De près et sous un éclairage favorable, il est possible de voir les irisations du plumage; reflets violacés de la tête et du cou, et dos bronzé. La femelle ressemble au mâle, mais son plumage est plus terne. Le juvénile est brunâtre et a les yeux bruns et non jaunes comme chez l'adulte. La queue en forme de V «pend» souvent d'un côté lorsque l'oiseau vole. **Voix:** Cri: *tchec*; le chant est grinçant et métallique. **Habitat:** Fréquente les forêts claires, les milieux humides, les champs cultivés, les champs abandonnés où poussent quelques arbres; commun aussi dans les parcs et les quartiers résidentiels des villes, où il affectionne notamment les conifères ornementaux. Visite aussi les mangeoires.

Quiscale rouilleux
Rusty Blackbird • *Euphagus carolinus* • Ictéridés

22-25 cm
◉ 52B

En automne et en hiver, l'adulte et le jeune ont un plumage liséré de rouille qui caractérise bien cette espèce. En période nuptiale, le plumage du mâle est noir et dépourvu des reflets violacés du Quiscale bronzé. Plus petit, le Quiscale rouilleux s'en distingue aussi par le bec moins fort. Il a, de plus, la queue plus courte que le Quiscale bronzé mais ce critère n'est pas utilisable au début de l'automne, quand le Quiscale bronzé mue; sa queue est alors écourtée. Sexes semblables; la femelle a un plumage ardoisé, moins chatoyant que celui du mâle. **Voix:** Quelques *tchac* et un chant court qui se termine par une note grinçante et aiguë de charnière mal huilée. **Habitat:** Inféodé aux milieux humides en période de reproduction: tourbières, forêts inondées, marais bordés d'arbres, étangs de castors.

Grand Corbeau

Corneille d'Amérique

Quiscale bronzé

juvénile

Quiscale rouilleux

en automne

Carouge à épaulettes
19-26 cm
Red-winged Blackbird • *Agelaius phoeniceus* • Ictéridés ● 53A

Avec la tache rouge sur l'épaule, particulièrement visible en vol, le mâle au plumage noir est facile à identifier. La femelle brunâtre, au dessous fortement rayé, est parfois confondue avec un bruant mais s'en distingue par son bec effilé. **Voix :** Le *con-ka-riii* ou *onkl'henrîîî* du mâle se fait entendre tôt au printemps. Émet souvent un *tiou* sifflé et allongé comme cri d'alarme. **Habitat :** Fréquente les marais, les champs cultivés, les pâturages et le bord des routes.

Carouge à tête jaune
22-28 cm
Yellow-headed Blackbird • *Xanthocephalus xanthocephalus* • Ictéridés ● 53B

Le jaune vif de la tête et de la poitrine caractérise le mâle au corps noir et aux ailes marquées de blanc. Chez la femelle plus brunâtre, le jaune se limite surtout à la gorge et à la poitrine. Le jeune mâle ressemble à la femelle mais il a plus de jaune à la tête et un peu de blanc sur l'aile. **Voix :** Une série de notes rauques et grinçantes. **Habitat :** Niche dans les marais de l'Ouest ; dans nos régions, visiteur occasionnel en hiver, qu'on découvre parfois parmi d'autres oiseaux noirs et qui visite les mangeoires.

Vacher à tête brune
17-21 cm
Brown-headed Cowbird • *Molothrus ater* • Ictéridés ● 54

Oiseau noir dont le mâle a la tête entièrement brune. Le bec court ressemble à celui d'un bruant. La femelle est plutôt grisâtre tandis que le jeune est plus brunâtre et rayé sur le dessous du corps. **Voix :** Émet un sifflement aigu en vol ainsi qu'un *glou-glou-oui* liquide ; la femelle produit un crépitement. **Habitat :** S'alimente en milieux ouverts, dans les pâturages et les champs. En période de reproduction, fréquente la lisière des forêts.

Étourneau sansonnet
19-22 cm
European Starling • *Sturnus vulgaris* • Sturnidés ● 55

Oiseau noir, trapu, au long bec foncé en hiver et jaune en été. Le plumage fortement moucheté en hiver est irisé en été. Le jeune est semblable à l'adulte mais il est plus brun. En vol, noter les ailes triangulaires et la queue courte et carrée. Sexes semblables. **Voix :** Un long gazouillis parsemé d'imitations variées, dont certains chants d'oiseaux. **Habitat :** Fréquente différents milieux ouverts, autant dans les villes qu'à la campagne, où il peut compter sur des cavités pour y installer son nid. Visite aussi les mangeoires.

Goglu des prés
17-20 cm
Bobolink • *Dolichonyx oryzivorus* • Ictéridés ● 56

Le motif noir et blanc du mâle en plumage nuptial est unique chez les passereaux du Nord-Est. Noter aussi la nuque ornée d'un grand plastron beige. Le motif noir-et-blanc du dos et de la queue est particulièrement visible en vol. Le mâle à l'automne et la femelle sont ocre ; le dessus de la tête et le dos sont rayés ; le dessous est uni. **Voix :** Chant « tyrolien », joyeux et énergique, où se succèdent en cascades les notes les plus variées. Chante souvent en vol. **Habitat :** Fréquente les champs et les prés où l'herbe est haute, notamment les champs de foin et les jachères.

Carouge à épaulettes

♀

♂

Carouge à tête jaune

♂

♀

Vacher à tête brune

♂

♀

juvénile

Étourneau sansonnet

juvénile

été

hiver

Goglu des prés

♀

♂

automne

Pic mineur
16-18 cm

Downy Woodpecker • *Picoides pubescens* • Picidés ◉ 57A

Petit pic noir et blanc de la taille d'un moineau. Son bec très court et les taches noires sur les plumes externes de la queue le différencient du Pic chevelu. Seul le mâle porte une tache rouge derrière la tête. **Voix :** Cri mitraillé terminé en decrescendo, et *pik* moins perçant que celui du Pic chevelu. **Habitat :** Fréquente divers milieux boisés : forêts de feuillus, forêts mixtes, parcs urbains et vergers. Visite les mangeoires.

Pic chevelu
22-27 cm

Hairy Woodpecker • *Picoides villosus* • Picidés ◉ 57B

Copie grand format du Pic mineur. Noter le bec proportionnellement plus long, l'absence de taches noires sur les rectrices externes blanches de la queue et la marque noire qui semble prolonger la moustache, juste dans le haut de l'aile repliée. Le mâle porte une tache rouge derrière la tête. **Voix :** Crépitement qui ne descend pas comme chez le Pic mineur, et qui est moins rapide, ainsi qu'un *puîk* perçant. **Habitat :** Fréquente divers types de forêts en période de nidification. On le voit aussi dans les parcs urbains et aux mangeoires.

Pic maculé
20-22 cm

Yellow-bellied Sapsucker • *Sphyrapicus varius* • Picidés ◉ 57C

Pic noir et blanc au dos rayé, avec une calotte frontale rouge. Chez le mâle, la gorge aussi est rouge. Chez les deux sexes, noter le collier noir au haut de la poitrine beige. La marque verticale blanche sur l'aile repliée est caractéristique de l'espèce et permet d'identifier le jeune, au plumage plutôt brunâtre. **Voix :** Émet un miaulement nasillard caractéristique ; noter aussi le tambourinage irrégulier, rapide au début et ralentissant par la suite, mais toujours rythmé. **Habitat :** Niche dans les forêts de feuillus ou mixtes durant la saison de nidification.

Pic à tête rouge
20-22 cm

Red-headed Woodpecker • *Melanerpes erythrocephalus* • Picidés ◉ 57D

La tête et le cou entièrement rouges caractérisent les adultes des deux sexes. Noter aussi le croupion et le miroir blancs sur les ailes, bien visibles chez les oiseaux en vol. Les juvéniles sont plutôt brunâtres et ont la tête brune. Sexes semblables. **Voix :** Un *krrouir* fort. **Habitat :** Fréquente les forêts claires et les milieux ouverts parsemés de grands feuillus.

Grand Pic
41-50 cm

Pileated Woodpecker • *Dryocopus pileatus* • Picidés ◉ 57E

Pic noir et blanc de la taille d'une corneille. Noter la huppe rouge et les grandes marques blanches sous les ailes. Le rouge de la huppe se prolonge jusque sur le front chez le mâle, qui a aussi les moustaches rouges. **Voix :** Le cri, un *kok-kok-kok* fort, qui s'accélère en devenant plus aigu, ressemble à celui du Pic flamboyant en plus puissant. Émet aussi une série de notes comme *couk*, *ouik* ou *kok*. **Habitat :** Fréquente principalement les forêts âgées ; visite à l'occasion les parcs urbains.

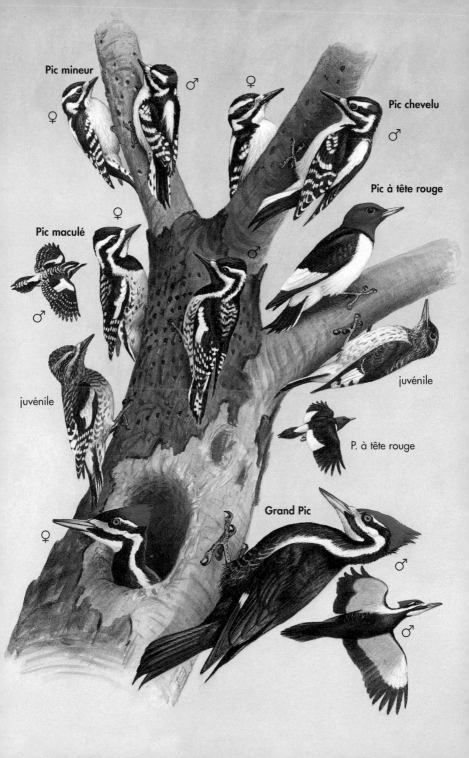

Pic mineur

♀

♂

♀

Pic chevelu

♂

Pic à tête rouge

Pic maculé

♀

♂

juvénile

juvénile

P. à tête rouge

Grand Pic

♀

♂

♂

Pic à dos rayé
20-25 cm

American Three-toed Woodpecker • *Picoides dorsalis* • Picidés   58A

Ce pic ressemble beaucoup au Pic à dos noir mais s'en distingue par son dos rayé. Le mâle de ces deux espèces porte une calotte jaune qui est généralement plus petite chez le Pic à dos rayé. Noter la combinaison du dos et des flancs rayés, alors que le Pic à dos noir n'a que les flancs rayés. **Voix :** Kep, souvent émis lors de la rencontre d'un autre membre de l'espèce. Tambourinage court qui s'accélère à la toute fin. **Habitat :** Oiseau typique de la forêt boréale, qu'on retrouve aussi dans les brûlés, parmi les arbres morts encore debout. Descend plus rarement que le Pic à dos noir dans les régions habitées en hiver.

Pic à dos noir
23-26 cm

Black-backed Woodpecker • *Picoides arcticus* • Picidés   58B

Le dos entièrement noir de ce pic le distingue du Pic à dos rayé. Noter les flancs rayés visibles chez l'oiseau perché, ainsi que la calotte jaune du mâle. La femelle se reconnaît à ses flancs fortement rayés et à son dos uniformément noir. **Voix :** Un *kuip* ressemblant à celui du Pic à dos rayé. **Habitat :** Niche dans les forêts de conifères, les brûlés où persistent des arbres morts ainsi que dans les zones de coupe forestière des régions le plus au sud de son aire.

Pic à ventre roux
22-25 cm

Red-bellied Woodpecker • *Melanerpes carolinus* • Picidés   58C

Pic fortement rayé sur le dos et le dessus des ailes. Le rouge est limité à la nuque chez la femelle tandis qu'il se prolonge jusque sur le dessus de la tête et le front chez le mâle. Noter aussi le dessous beige de l'oiseau ainsi que le croupion blanc, bien visible en vol. **Voix :** Un *krouii, krouii* saccadé. **Habitat :** Ce pic du Sud nous visite exceptionnellement en hiver, aux mangeoires.

Pic flamboyant
31-35 cm

Northern Flicker • *Colaptes auratus* • Picidés   58D

Pic de bonne taille aux formes arrondies et aux couleurs dans les tons de café et de beige. Le croupion blanc bien visible en vol identifie l'espèce. Noter aussi la tache rouge sur la nuque ainsi que les moustaches noires, absentes chez la femelle. La poitrine est fortement tachetée et marquée d'une large bande noire sur le haut. En vol, outre le croupion blanc, noter également le dessous doré des ailes et de la queue. **Voix :** Une série de *ouic ouic ouic ouic* forts et répétés, mais plus doux que chez le Grand Pic ; ou des *ouîk* plus allongés. Émet aussi un *quiou* simple et perçant. Tambourinage irrégulier et puissant en période de reproduction. **Habitat :** Niche dans les bois clairs, près des fermes ou en milieu ouvert. Se voit souvent au sol, en quête de fourmis.

Pic à dos rayé ♂

Pic à dos noir ♀

♀

♂

♂

Pic à ventre roux ♀

♂

♀

♀

♂

♂

♀

Pic flamboyant

MÉSANGES ET SITTELLES

Mésanges et sittelles sont des petits passereaux biens connus de ceux qui ont des mangeoires. Les mésanges sont des petits oiseaux au bec court qui s'alimentent souvent en petites bandes, exécutant des acrobaties au bout des branches afin de trouver de la nourriture. Les sittelles patrouillent les branches et les troncs des arbres à la recherche de larves et d'insectes. On voit souvent ces petits oiseaux trapus, au bec fort, se déplacer sur les troncs la tête en bas.

Mésange à tête noire

ROITELETS, GOBEMOUCHERON ET GRIMPEREAU

Minuscules passereaux verdâtres à queue courte et au petit bec fin, les roitelets frémissent souvent des ailes lorsqu'ils s'activent sur les ramilles des arbres à la recherche de nourriture. Le gobemoucheron est lui aussi un petit passereau énergique au bec fin ; il a une longue queue qu'il agite et dresse à la façon des troglodytes. Le grimpereau est un petit oiseau grimpeur au bec effilé et recourbé qui grimpe sur les troncs en s'appuyant sur sa queue aux plumes raides et pointues.

Roitelet à couronne dorée

TROGLODYTES

Les troglodytes sont de petits oiseaux brunâtres et rondelets très actifs, à la queue souvent relevée. Ils ont un bec fin et légèrement incurvé. Certains sont des chanteurs remarquables. Le Troglodyte des marais et le Troglodyte à bec court chantent souvent la nuit ; c'est parfois le cas du Troglodyte mignon.

Troglodyte mignon

GRIVES, MERLES ET TRAQUET

Grives, merles et traquet appartiennent à la famille des turdidés; ce sont des passereaux aux pattes fortes et aux yeux proéminents. Tout comme les jeunes merles, les grives ont la poitrine tachetée, les marques étant plus ou moins nombreuses selon les espèces. Ce caractère est d'ailleurs à l'origine de l'adjectif grivelé. Les grives sont des chanteurs accomplis; leur chant est flûté et mélodieux. Le plumage est semblable chez le mâle et la femelle.

Merle d'Amérique

MOQUEURS ET PIES-GRIÈCHES

Les moqueurs sont d'excellents imitateurs qui produisent des chants variés et diversifiés. Le nombre de répétitions des phrases chantées permet de différencier ces oiseaux à longue queue et au bec fort. Les pies-grièches ont un bec crochu; ce sont des passereaux aux mœurs d'oiseaux de proie, qui chassent à l'affût en milieu ouvert.

Moqueur chat

VIRÉOS

Petits passereaux généralement verdâtres ou grisâtres qui ressemblent un peu aux parulines. Leur bec est cependant plus robuste et légèrement crochu à l'extrémité. Les viréos sont des chanteurs infatigables; ainsi, le Viréo aux yeux rouges répète inlassablement ses phrases toute la journée au début de l'été, même sous la chaleur de midi.

Viréo à tête bleue

Mésange à tête noire
Black-capped Chickadee • *Poecile atricapillus* • Paridés

12-15 cm
⊚ 59A

Petit oiseau à dominante grise. Le dessus noir de la tête, la joue blanche et la bavette noire forment un motif caractéristique. Noter aussi le petit bec noir et les flancs beiges. Sexes semblables. **Voix :** Répertoire varié ; le chant doux, émis en période de reproduction, est sifflé, *hi-u-u* ou *hi-u* ; son cri nasillard, *tchikadi-di-di*, lui a valu son nom anglais. **Habitat :** Niche dans les forêts de feuillus ou mixtes ; se voit très souvent dans les villes et les villages où elle fréquente assidûment les mangeoires.

Mésange à tête brune
Boreal Chickadee • *Poecile hudsonica* • Paridés

13-14 cm
⊚ 59B

Petit oiseau à bavette noire et à joue blanche caractéristiques, qu'on distingue de la Mésange à tête noire par la dominante brune plutôt que grise du plumage. Noter en particulier le dessus brun de la tête qui se fond avec le brun-olive du dos, ainsi que les flancs bruns. Sexes semblables. **Voix :** Un *tsic-tsi-dé-dé*, plus lent et plus nasillard que celui de la Mésange à tête noire. **Habitat :** Niche en forêt boréale et acadienne ; observée occasionnellement aux mangeoires en hiver.

Mésange bicolore
Tufted Titmouse • *Baeolophus bicolor* • Paridés

15-17 cm
⊚ 59C

La huppe de ce petit oiseau gris le différencie de presque tous les passereaux du Nord-Est. Noter aussi le gros oeil noir qui se détache bien sur la face pâle et la ligne noire sur le front des adultes. Sexes semblables. **Voix :** Un chant sifflé, *tiou tiou tiou*, souvent sur trois notes, parfois plus. **Habitat :** Niche dans les forêts de feuillus et les parcs où il y a de grands arbres.

Sittelle à poitrine blanche
White-breasted Nuthatch • *Sitta carolinensis* • Sittidés

13-16 cm
⊚ 60A

Recherche sa nourriture en se promenant, la tête en bas, sur le tronc des arbres plutôt qu'en grimpant comme le font les pics ou le grimpereau. Noter l'oeil noir au milieu de la face blanche, la ligne noire du cou ainsi que la queue courte et les sous-caudales marron. Le dessus de la tête est noir chez le mâle et grisâtre chez la femelle. **Voix :** Un ricanement : *han han han han han* fort et nasal, répété rapidement. **Habitat :** Fréquente les forêts âgées de feuillus ou mixtes. On l'observe aussi dans les petits boisés de fermes et aux mangeoires.

Sittelle à poitrine rousse
Red-breasted Nuthatch • *Sitta canadensis* • Sittidés

10-12 cm
⊚ 60B

Plus petite que la Sittelle à poitrine blanche, elle en diffère par le bandeau noir qui traverse l'oeil et son ventre roux. Le dessus du corps est gris-bleu, comme chez l'autre espèce. La femelle a le dessus de la tête et le dessous du corps plus pâles que le mâle. **Voix :** Le chant, *hinc hinc hinc hinc hinc hinc* répété, est plus nasillard et plus lent que celui de la Sittelle à poitrine blanche. **Habitat :** Préfère les forêts de conifères ; en migration, passe dans divers habitats et s'arrête aux mangeoires.

Mésange à tête noire

Mésange à tête brune

Mésange bicolore

Sittelle
à poitrine blanche

Sittelle
à poitrine rousse

♂

♂

♀

♀

Roitelet à couronne dorée

9-10 cm

Golden-crowned Kinglet • *Regulus satrapa* • Régulidés 61A

Minuscule oiseau verdâtre et rondelet. Les barres alaires, la tache dorée (au centre orangé chez le mâle) et cernée de noir sur le dessus de la tête, ainsi que le sourcil blanchâtre caractérisent cette espèce. La femelle est semblable au mâle mais sa couronne est entièrement jaune. **Voix :** Gazouillis de notes aiguës ; le cri : un *si-si-si* aigu. **Habitat :** Niche en forêt de conifères ; s'alimente souvent au sommet des arbres, ce qui le rend difficile à observer. Passe en migration tôt au printemps, avant les parulines, dans les parcs et les jardins.

Roitelet à couronne rubis

10-11 cm

Ruby-crowned Kinglet • *Regulus calendula* • Régulidés 61B

Minuscule oiseau verdâtre, rondelet et très actif. La combinaison des barres alaires blanches bien nettes et du cercle oculaire brisé caractérisent l'espèce. La couronne rouge du mâle (absente chez la femelle) n'est visible que lorsqu'il est très excité. Noter le frémissement des ailes typique des roitelets lorsqu'ils sautillent de branche en branche. **Voix :** Chant sifflé, puissant et très mélodieux, d'abord hésitant, sur des notes très aiguës, qui s'accélère en roulant par la suite, pour finir en *touladi touladi touladi*. **Habitat :** En période de reproduction, fréquente surtout les forêts conifériennes. On le retrouve occasionnellement dans les forêts de feuillus, où il passe en migration, au printemps, avec les premières parulines.

Gobemoucheron gris-bleu

10-13 cm

Blue-gray Gnatcatcher • *Polioptila caerulea* • Sylviidés 62

Petite espèce plutôt rare dans le Nord-Est. Son allure particulière, avec sa longue queue bordée de blanc, souvent relevée à la manière des troglodytes, est caractéristique. La queue est noire dessus et presque complètement blanche dessous. Noter le dessus du corps gris-bleu ainsi que le cercle oculaire blanc. La femelle ressemble au mâle mais le dessus du corps est plus pâle. **Voix :** Série de notes grinçantes rappelant le son produit par une sauterelle. **Habitat :** Préfère les forêts méridionales de feuillus en période de reproduction.

Grimpereau brun

13-15 cm

Brown Creeper • *Certhia americana* • Certhiidés 63

Petit oiseau arboricole au dos brun marqué de taches blanches, qui se confond très bien avec l'écorce des arbres dans laquelle il recherche sa nourriture. Explore généralement le tronc des arbres, de la base à la cime, en grimpant en spirale. Noter le dessous blanc du corps, la queue relativement longue, ainsi que le bec effilé et recourbé. Sexes semblables. **Voix :** Chant sifflé et court, très aigu au commencement puis plus grave vers la fin : *sî-ti-ouî-tou-ouî*. On l'entend surtout tôt au printemps, au moment de la saison de reproduction. **Habitat :** Fréquente les forêts de feuillus ou de conifères âgés en période de nidification.

Roitelet à couronne dorée

♂ ♀

Roitelet à couronne rubis

♂ ♀

Gobemoucheron gris-bleu

♂ ♀

Grimpereau brun

Troglodyte de Caroline 13-15 cm
Carolina Wren • *Thryothorus ludovicianus* • Troglodytidés 64A

Le plus gros troglodyte du Nord-Est a le dos roussâtre et le dessous ocreux. Noter le sourcil blanc bien démarqué au-dessus de l'oeil. Sexes semblables. **Voix :** Un *tui tirouli tirouli tirouli* fort, répété à plusieurs reprises ; autres sifflements. **Habitat :** Espèce méridionale rare dans le Nord-Est ; niche dans les broussailles, autant près des cours d'eau que dans les parcs et les jardins. Généralement observé aux mangeoires, en hiver, dans nos régions.

Troglodyte familier 11-14 cm
House Wren • *Troglodytes aedon* • Troglodytidés 64B

Petit oiseau très actif au dessus du corps brunâtre. Noter le ventre pâle, la queue plus longue que celle du Troglodyte mignon, et l'absence de marques bien nettes au dessus de l'oeil. Sexes semblables. **Voix :** Longue cascade de notes avec finale descendante ; chante fréquemment durant le jour. **Habitat :** Niche dans les bois clairs, à la lisière des forêts et dans les fourrés ; affectionne les milieux humanisés et utilise les nichoirs près des habitations.

Troglodyte mignon 10-11 cm
Winter Wren • *Troglodytes troglodytes* • Troglodytidés 64C

Petit oiseau rondelet et foncé, au ventre barré et à très petite queue généralement retroussée. Sa petite taille et son ventre brun et rayé le différencient des autres troglodytes du Nord-Est. Sexes semblables. **Voix :** Longue vocalise complexe où se côtoient gazouillis et trilles aigus, terminée souvent par un trille ténu. **Habitat :** En période de nidification, fréquente surtout les forêts conifériennes âgées où le sol est couvert de broussailles et de souches renversées.

Troglodyte à bec court 10-11 cm
Sedge Wren • *Cistothorus platensis* • Troglodytidés 64D

Les fines rayures blanches du dos sont moins prononcées que celles du Troglodyte des marais, dont il diffère également par le dessus rayé de la tête et par les sous-caudales ocre, bien visibles lorsque la courte queue est relevée. Sexes semblables. **Voix :** Un *tchek tchek tchekeurrrrrrrr* plus saccadé que celui du Troglodyte des marais et suivi d'un trille. Chante souvent la nuit. **Habitat :** Niche dans les marais herbeux et les prés humides à carex.

Troglodyte des marais 10-13 cm
Marsh Wren • *Cistothorus palustris* • Troglodytidés 64E

Troglodyte typique des marais à végétation haute. Les raies blanches sur le haut du dos brun de l'oiseau, le sourcil blanc et la calotte unie, brun foncé, caractérisent ce troglodyte et aident à le distinguer du Troglodyte à bec court dont le dessus de la tête est rayé. Sexes semblables. **Voix :** Crépitement variable de notes brèves, gutturales et gazouillées : *tsouc tsouc-ceûr-rrrrrr* au rythme irrégulier. Chante souvent la nuit. **Habitat :** Niche dans les quenouilles et les roseaux.

Troglodyte de Caroline

Troglodyte familier

Troglodyte mignon

Troglodyte à bec court

Troglodyte des marais

Grive fauve
17-20 cm

Veery • *Catharus fuscescens* • Turdidés   65A

C'est la moins tachetée des grives du Nord-Est. On l'identifie principalement à cette quasi-absence de marques nettes sur la poitrine, ainsi qu'à la riche couleur fauve qui la couvre de la tête à la queue. **Voix:** Chant flûté descendant à tonalité liquide: *vi-vir vir vir virrrr*; cri: un *zziou* ou *vriou* vrombissant. **Habitat:** Niche dans les forêts de feuillus humides; fréquente près des rivières et des lacs.

Grive à joues grises
17-20 cm

Gray-cheeked Thrush • *Catharus minimus* • Turdidés   65B

Grive au dessus du corps gris-olive uniforme et à poitrine fortement tachetée. Elle diffère de la Grive à dos olive par l'absence de cercle oculaire bien net et par la joue grisâtre. La couleur plus grisâtre du dessus, le blanc de la gorge ainsi que la mandibule inférieure de couleur chair la distinguent de la Grive de Bicknell. **Voix:** Chant semblable à celui de la Grive fauve mais plus enroué. **Habitat:** Niche dans la forêt boréale et la taïga; passe dans des habitats variés en migration. Migre tard au printemps, à l'époque où la Grive de Bicknell commence à nicher.

Grive de Bicknell
17-19 cm

Bicknell's Thrush • *Catharus bicknelli* • Turdidés   65C

Grive plus brune que la Grive à joues grises dont elle se distingue également par le dessus de la queue qui est marron, et non roux comme chez la Grive solitaire. Noter aussi la gorge beige et la mandibule inférieure jaune ou orangée. Chez certains individus, il y a aussi du marron sur les rémiges et la calotte. **Voix:** Chant flûté semblable à celui de la Grive à joues grises mais légèrement montant vers la fin. **Habitat:** Niche dans les forêts conifériennes des montagnes, dans le Nord-Est.

Grive à dos olive
16-20 cm

Swainson's Thrush • *Catharus ustulatus* • Turdidés   65D

Noter le dessus gris-olive uniforme de cette grive à poitrine fortement tachetée, dont le haut est teinté de beige. La présence d'un cercle oculaire beige, bien défini et complet, joint au lore de la même couleur, la distinguent de la Grive à joues grises et de la Grive de Bicknell. **Voix:** Chant flûté et clair, avec des notes en succession ascendante; cri: un *pouette* sifflé. **Habitat:** Niche dans les forêts conifériennes et mixtes; on la trouve aussi dans les bois en regain.

Grive solitaire
16-19 cm

Hermit Thrush • *Catharus guttatus* • Turdidés   65E

Grive à poitrine tachetée et au dos uniformément brunâtre. Elle diffère des autres par sa queue rousse qui tranche nettement avec la couleur du dos et qu'elle hoche fréquemment lorsqu'elle est perchée. **Voix:** Magnifique chant flûté, clair et éthéré, commençant sur une note sifflée, répétée sur des registres de plus en plus aigus, *ah irre irre irre*; cri: une plainte courte, *ouin*, et un *tchoc* grave. **Habitat:** Niche dans les forêts conifériennes et mixtes ainsi que dans les tourbières boisées.

Grive fauve

Paruline couronnée

Paruline
des ruisseaux

Grive à joues grises

Grive de Bicknell

Grive à dos olive

Grive solitaire

G. fauve

G. à joues grises

G. de Bicknell

G. à dos olive

G. solitaire

G. des bois

Grive des bois
Wood Thrush • *Hylocichla mustelina* • Turdidés

19-22 cm
⊙ 65F

La plus grosse grive du Nord-Est. Outre par sa taille, elle se distingue des autres grives par sa tête rousse et le dessous du corps blanc fortement grivelé de gros points sombres et ronds, qui s'étendent jusque sur ses flancs. **Voix :** Beau chant clair et flûté qui se termine par un trille ; cri : une série de *pit* sonores. **Habitat :** Fréquente les forêts de feuillus âgés.

Merle d'Amérique
American Robin • *Turdus migratorius* • Turdidés

23-28 cm
⊙ 66A

Cet oiseau à posture dressée, au dos foncé et à poitrine rouge orangé annonce l'arrivée du printemps dans nos villes et nos villages. Le mâle a la tête noire et le dessous du corps d'une riche couleur brique, tandis que la femelle est plus terne. Les juvéniles sont semblables aux adultes, mais leur poitrine est marquée de points noirs. Noter le battement rapide de la queue lorsque l'oiseau arrive à son perchoir. **Voix :** Longue turlutte sifflée et enjouée, formée de courtes stophes : *turlit turlu*. **Habitat :** Fréquente une diversité d'habitats humanisés : forêts claires, fermes, parcs, villes et villages.

Merlebleu de l'Est
Eastern Bluebird • *Sialia sialis* • Turdidés

17-20 cm
⊙ 66B

Petit oiseau au dos bleu et à poitrine rouge orangé, à peine plus gros qu'un moineau. Le mâle a le dessus du corps entièrement bleu, de la tête à la queue. La femelle, au dos plus grisâtre, est plus terne. Les jeunes au plumage grisâtre ont la poitrine grivelée et du bleu sur les ailes et la queue. **Voix :** Doux gazouillis dont les notes initiales sont souvent sifflées et les suivantes, plus rauques : *tî-u priou piu*. **Habitat :** Se voit souvent perché, le dos un peu voûté, sur un poteau de clôture ou un fil électrique. Niche dans les milieux ouverts parsemés de bosquets, souvent dans les nichoirs installés à son intention.

Traquet motteux
Northern Wheatear • *Oenanthe oenanthe* • Turdidés

14-16 cm

Le croupion blanc, bien visible lorsque l'oiseau s'envole, identifie l'espèce en tous plumages. Le blanc du croupion déborde sur la queue, et forme un motif bien particulier. La queue, que l'oiseau agite souvent lorsqu'il est au sol, se termine par une large bande noire. En automne, le mâle est chamois, avec le dos brunâtre, comme la femelle et l'immature, mais sans leur bandeau noir sur l'oeil. En plumage nuptial, le dos du mâle est gris et ses ailes sont noires. **Voix :** Le cri est un *tchak-tchak* sec ; le chant : un gazouillis mélodieux. **Habitat :** Niche dans la toundra rocailleuse de l'Arctique et hiverne en Afrique ; il passe en petit nombre, surtout à l'automne, dans le nord-est de l'Amérique du Nord. S'alimente dans des habitats rocheux, notamment sur les rivages.

Grive des bois

Merle d'Amérique

♂

♀

juvénile

Merlebleu de l'Est

♂

juvénile

Traquet motteux

immature

♂ été

♂ été

♀

Moqueur chat
21-24 cm
Gray Catbird • *Dumetella carolinensis* • Mimidés 67A

Oiseau au plumage gris ardoisé et à calotte noire, un peu plus petit que le merle. Noter les sous-caudales marron, parfois visibles lorsque l'oiseau agite sa longue queue noirâtre. Sexes semblables. **Voix:** Le chant consiste en une série de phrases non répétées. Noter aussi le miaulement caractéristique de l'espèce. **Habitat:** Habitant de la végétation dense, on le trouve surtout dans les broussailles à l'orée des bois, dans les fourrés en milieux plus ouverts, dans les parcs et parfois dans les jardins.

Moqueur roux
27-31 cm
Brown Thrasher • *Toxostoma rufum* • Mimidés 67B

Oiseau élancé au dessus du corps d'une riche couleur rousse et au dessous fortement rayé. Noter aussi la longue queue, les bandes alaires blanches, le bec légèrement décurvé et les yeux jaunes. Sexes semblables. **Voix:** Produit une longue succession de phrases qu'il répète habituellement deux fois. **Habitat:** Fréquente les forêts en regain, les fourrés et les friches.

Moqueur polyglotte
23-28 cm
Northern Mockingbird • *Mimus polyglottos* • Mimidés 67C

Cet oiseau grisâtre au dessous blanc est assez rare chez nous; noter les ailes noires marquées de grandes taches blanches ainsi que la longue queue noire maculée de blanc sur les côtés. Sexes semblables. Les jeunes sont brunâtres. **Voix:** Longue série de phrases musicales, renfermant souvent des imitations, répétées plus de deux fois chacune. Émet aussi un *tchac* fort. **Habitat:** Fréquente les milieux ouverts et humanisés, souvent près des habitations, autant à la ville qu'à la campagne.

Pie-grièche grise
23-28cm
Northern Shrike • *Lanius excubitor* • Laniidés 68A

Oiseau gris et noir, au bec crochu et au masque noir étroit. Noter que le masque s'arrête au-dessus du bec et remarquer la zone claire à la base de la mandibule inférieure. La poitrine est marquée de vermiculures, particulièrement nettes chez l'immature. Sexes semblables. **Voix:** Succession de notes musicales, non liées entre elles. Plus loquace que la Pie-grièche migratrice. **Habitat:** Niche dans la taïga; fréquente les milieux ouverts dans nos régions en hiver.

Pie-grièche migratrice
22-25 cm
Loggerhead Shrike • *Lanius ludovicianus* • Laniidés 68B

Très semblable à la Pie-grièche grise. Noter le gris plus foncé ainsi que le masque large, qui se poursuit au-dessus du bec. Le bec est plus petit que celui de la Pie-grièche grise et complètement noir. De juin à août, les juvéniles ont des vermiculures sur la poitrine. Sexes semblables. **Voix:** Gazouillis composé de notes répétées un peu à la manière du Moqueur polyglotte, mais avec des pauses plus longues entre les strophes. **Habitat:** Fréquente les pâturages, les champs abandonnés et les haies où poussent des arbustes épineux.

Moqueur chat

Moqueur roux

Moqueur polyglotte

M. polyglotte

Pie-grièche grise

immature

Pie-grièche grise

Pie-grièche migratrice

immature

Viréo à tête bleue
Blue-headed Vireo • *Vireo solitarius* • Viréonidés

13-15 cm
69A

Oiseau au dos verdâtre et à la tête grise ornée de lunettes blanches. Noter les bandes alaires blanches et le dessous du corps blanc, marqué d'un peu de jaune sur les flancs. Sexes semblables. **Voix:** Succession de notes, semblable au chant du Viréo aux yeux rouges, mais avec des pauses plus longues entre de courtes phrases davantage sifflées et aiguës: *si-u sou-i si-i si-oui.* **Habitat:** Niche dans les forêts mixtes et conifériennes.

Viréo à gorge jaune
Yellow-throated Vireo • *Vireo flavifrons* • Viréonidés

13-15 cm
69B

C'est le seul viréo du Nord-Est à avoir la gorge et la poitrine jaune vif. Noter les lunettes jaunes et les ailes marquées de deux bandes blanches. Sexes semblables. **Voix:** Chant enroué et court: *zzri-ziou* répété. **Habitat:** Niche dans les forêts de feuillus âgés, plus particulièrement là où dominent les érables, les chênes et les caryers.

Viréo mélodieux
Warbling Vireo • *Vireo gilvus* • Viréonidés

13-15 cm
69C

Petit oiseau grisâtre au ventre blanc sans marques particulières et sans bandes alaires. Noter le sourcil blanchâtre au-dessus de l'oeil. Vers la fin de l'été et en automne, certains individus, surtout les jeunes, ont du jaune sur les flancs, mais non sur la gorge et le haut de la poitrine comme chez le Viréo de Philadelphie. Sexes semblables. **Voix:** Gazouillis ondulant rappelant celui du Roselin pourpré et terminé abruptement. Le cri est un *tchrin* énergique, un peu nasal. **Habitat:** Niche dans les grands feuillus des villes, ainsi que dans ceux qui poussent au bord des routes et des cours d'eau.

Viréo de Philadelphie
Philadelphia Vireo • *Vireo philadelphicus* • Viréonidés

11-13 cm
69D

Oiseau grisâtre, sans bandes alaires, au dessous du corps jaunâtre. On le distingue du Viréo aux yeux rouges par son sourcil blanc sans bordure noire et du Viréo mélodieux par le dessous jaunâtre de son corps. Sexes semblables. **Voix:** Le chant est plus aigu et la répétition entre les strophes est moins rapide que chez le Viréo aux yeux rouges. **Habitat:** Niche surtout dans les bois clairs et les jeunes forêts de feuillus, y compris en zone boréale.

Viréo aux yeux rouges
Red-eyed Vireo • *Vireo olivaceus* • Viréonidés

14-17 cm
69E

Viréo au dos verdâtre et au dessus de la tête gris. Le sourcil blanc bordé de noir le distingue de tous les autres viréos du Nord-Est. L'oeil rouge de l'adulte n'est visible que de très près; l'oeil de l'immature est brun. Sexes semblables. **Voix:** Très volubile à toute heure du jour. Le chant est composé d'une succession assez rapide de courtes phrases musicales formées de notes roulées et sifflées: *viréo, viri, viréo-i.* Cri: *tzzuin* plaintif et nasillard. **Habitat:** Commun dans les forêts de feuillus et mixtes; on le trouve aussi dans les parcs et poussent de grands arbres.

Viréo à tête bleue

Viréo à gorge jaune

Viréo mélodieux

Paruline obscure

♂

Viréo aux yeux rouges

1ᵉʳ automne

Viréo de Philadelphie

1ᵉʳ automne

Petits passereaux insectivores au bec fin et pointu, pour la plupart vivement colorés. Les motifs de coloration sont variés et le plumage diffère généralement entre le mâle et la femelle. Beaucoup d'espèces ont du jaune. Le plumage d'automne diffère de celui du printemps et de l'été chez certaines espèces.

Au printemps

Les mâles sont assez faciles à identifier au printemps par les motifs de coloration ou par certains traits du plumage.

Certaines espèces ont des bandes alaires bien nettes: Paruline à collier, Paruline à gorge noire, Paruline flamboyante, etc. Chez d'autres espèces, c'est plutôt le motif de coloration de la tête qui fournit le meilleur indice: le masque de la Paruline masquée, la « tête de mésange » de la Paruline rayée. Enfin, chez certaines espèces, comme chez la Paruline à poitrine baie, l'aile et le motif particulier sont caractéristiques.

Il faut se familiariser avec ces espèces avant d'aller les observer. De plus, il faut porter une attention toute particulière au chant des mâles, qui est particulier à chaque espèce.

Paruline flamboyante

Paruline à poitrine baie

En été

En été comme au printemps, les mâles peuvent se repérer au chant et s'identifient assez bien à la jumelle. En été, les jeunes ressemblent aux femelles mais leur plumage est encore plus terne. À cette saison, l'habitat que fréquente l'espèce pour nicher est un élément déterminant de l'identification.

Paruline jaune ♀

En automne

En automne, il est plus difficile d'identifier les parulines, en particulier les immatures, et surtout les jeunes femelles, dont les caractéristiques du plumage sont mal définies. Quelques points de repère permettent cependant de regrouper les espèces en catégories et de simplifier l'identification sur le terrain.

Ainsi, les bandes alaires demeurent souvent bien nettes à l'automne ; elles sont assez faciles à voir et constituent un critère fort utile.

On peut également retrouver certains éléments du plumage nuptial en automne. Les immatures ne diffèrent souvent des adultes que par des couleurs moins intenses. Bien connaître le plumage nuptial des adultes est donc utile en automne.

Paruline jaune ♂

Certaines espèces, comme la Paruline à gorge orangée, sont présentes dans les conifères, tandis que d'autres, comme la Paruline azurée, sont confinées aux grandes forêts de feuillus. Certaines fréquenteront les tourbières, comme la Paruline à couronne rousse, d'autres nichent plutôt dans les buissons, comme la Paruline masquée, et à l'orée des bois, comme la Paruline jaune. Ces deux dernières espèces sont les plus faciles à voir en été près des villes.

Paruline masquée

Paruline à flancs marron

Paruline bleue
12-14 cm

Black-throated Blue Warbler • *Dendroica caerulescens* • Parulidés ● 70A

Paruline dont le mâle est bleu foncé dessus; noter aussi le noir qui couvre la face, la gorge et les flancs. Le petit rectangle blanc du bord de l'aile est visible chez les deux sexes (plus chez le mâle) et caractéristique de l'espèce. La femelle est brun olive sur le dessus et ocre dessous. Noter aussi son sourcil pâle, sa joue légèrement plus sombre et l'absence de bandes alaires. **Voix:** Chant bourdonnant: *zour-zour-zour zriiiiiii*. **Habitat:** Très présente dans les érablières, elle niche dans le sous-bois des forêts de feuillus ou mixtes.

Paruline azurée
10-13 cm

Cerulean Warbler • *Dendroica cerulea* • Parulidés ● 70B

Le collier noir sous la gorge blanche et les rayures des flancs aident à identifier le mâle, qu'on voit généralement de dessous parce qu'il se tient à la cime des grands arbres. Le dessus du corps est bleu, avec des bandes alaires blanches. Ces dernières aident à identifier la femelle, au plumage plus terne et au dessus du corps faiblement teinté de bleu ou de turquoise. Celle-ci n'a ni le collier, ni les rayures sombres du mâle. **Voix:** Gazouillis composé de *sroui sroui sroui sroui* rapides qui peut aller en accélérant et qui se termine sur une finale plus aiguë analogue à celle de la Paruline bleue. **Habitat:** Niche dans les forêts de feuillus âgés et de grande taille.

Paruline à collier
11-13 cm

Northern Parula • *Parula americana* • Parulidés ● 70C

Le collier bicolore qui tranche sur le jaune vif de la gorge et de la poitrine identifie le mâle en plumage nuptial. Noter aussi les bandes alaires blanches bien nettes. La tache verdâtre sur le dos bleuté caractérise tous les plumages de l'espèce. La femelle est plus terne et n'a pas le collier bien défini du mâle. **Voix:** Trille bourdonnant et rapide qui prend fin en un bref crescendo sur une note, souvent sifflée, *ziiiiiiiii-sip* ou *zip zip zip zi zi zi-sip*. **Habitat:** Niche dans les forêts âgées et humides, notamment où le lichen du genre U*snea* recouvre les arbres; se tient souvent près de l'eau et niche dans les îlots de conifères en zone décidue.

Paruline à ailes dorées
12-14 cm

Golden-winged Warbler • *Vermivora chrysoptera* • Parulidés ● 70D

Paruline au dos gris-bleu et au dessous blanc. La joue noire, combinée à la calotte jaune, caractérise l'espèce. Chez les deux sexes, noter aussi les marques alaires jaunes et la gorge noire; cette dernière est plus pâle chez la femelle, qui ressemble au mâle, en plus terne. **Voix:** Chant bourdonnant qui débute avec une courte note: *zriiiii zré zré zré*. **Habitat:** Niche en terrains broussailleux ainsi qu'à l'orée des bois.

Paruline bleue

Paruline azurée

Paruline à collier

Paruline à ailes dorées

Paruline jaune (plumage d'automne, p.180)   12-13 cm
Yellow Warbler • *Dendroica petechia* • Parulidés   71A

Paruline toute jaune. En plumage nuptial, le mâle a le dessous du corps finement rayé de marron. L'oeil noir tranche nettement sur le jaune de la tête. La femelle est semblable, sans les rayures ventrales. **Voix :** Un *tsi-tsi-tsi-tsi-tii-ouit* rapide, vif et musical, qu'on peut rendre par *huit huit huit pantalon huit.* **Habitat :** Niche dans les fourrés ; fréquente aussi le bord des cours d'eau, les bois clairs, les parcs, les vergers et la lisière des forêts.

Paruline masquée (plumage d'automne, p.180)   12-14 cm
Common Yellowthroat • *Geothlypis trichas* • Parulidés   71B

En plumage nuptial, le mâle se reconnaît facilement à son large masque noir. Noter aussi la gorge et la poitrine jaune vif ainsi que le dessus du corps brun-olive. La femelle a la gorge jaune vif et le ventre blanc, mais elle n'a pas le masque noir du mâle. **Voix :** Un *ouistiti-ouistiti-ouistiti-ouit* rapide et fort. Le cri ressemble au choc de deux boules de billard : *tchik.* **Habitat :** Niche aux bords des marais et dans les fourrés humides ; fréquente la lisière des forêts, le bord des routes et la rive des cours d'eau.

Paruline à calotte noire (plumage d'automne, p.180) 11-13 cm
Wilson's Warbler • *Wilsonia pusilla* • Parulidés   71C

Espèce au dessus du corps olivâtre et au dessous jaune vif, facile à reconnaître à la calotte noire du mâle en plumage nuptial. Cette calotte est absente chez la femelle. **Voix :** *Tchoui tchoui tchoui tchoui,* qui peut descendre vers la fin en *tchoué.* **Habitat :** Niche dans les fourrés, en bordure des forêts, des rivières et des tourbières.

Paruline à ailes bleues   11-13 cm
Blue-winged Warbler • *Vermivora pinus* • Parulidés   71D

Paruline jaune vif aux ailes gris-bleu marquées de deux bandes alaires blanches. Noter la ligne noire qui prolonge le bec et traverse l'oeil. La femelle est légèrement plus terne que le mâle. **Voix :** Chant bourdonnant en deux parties, la seconde plus roulée : *zriiii brrrrrre.* **Habitat :** Niche dans les broussailles et les friches ; fréquente l'orée des forêts et les fourrés d'aulnes.

Paruline polyglotte   17-19 cm
Yellow-breasted Chat • *Icteria virens* • Parulidés   71E

Grosse paruline du Sud qui ressemble à un viréo, avec ses lunettes et son bec fort. Longue queue souvent relevée à la manière des moqueurs. Noter la gorge et la poitrine jaune vif ainsi que le dessus du corps et les ailes olivâtres. Sexes semblables. **Voix :** Le chant, fort et varié, ressemble à celui d'un moqueur. **Habitat :** Niche dans les fourrés et les grands buissons en bordure des cours d'eau.

Paruline jaune ♀ ♂

Paruline masquée ♂

Paruline à calotte noire ♂ ♀

Paruline à ailes bleues ♀ ♂

Paruline polyglotte

Paruline à joues grises (plumage d'automne, p.180) 11-13 cm
Nashville Warbler • *Vermivora ruficapilla* • Parulidés   72A

Paruline au dessous du corps jaune vif et à la tête grise qui tranche avec le dos olive. En plumage nuptial, noter le cercle oculaire blanc complet bien découpé sur la joue grise de l'oiseau. La gorge jaune distingue cette espèce de la Paruline à gorge grise, qui porte également un cercle oculaire blanc. Sexes semblables. La tache marron du dessus de la tête se voit rarement sur le terrain. **Voix :** Chant en deux parties qui consiste en une succession rapide de doubles notes aiguës suivies d'un trille, *tipit tipit tipit tipit tsitsitsitsi*. **Habitat :** Niche dans les bois en régénération, en forêt boréale et mixte surtout ; on la trouve aussi à l'orée des bois et en bordure des tourbières.

Paruline triste (plumage d'automne, p.180)   12-14 cm
Mourning Warbler • *Oporornis philadelphia* • Parulidés   72B

Noter le large plastron noir sur la poitrine du mâle, qui porte un capuchon gris sur la tête et le cou. La femelle n'a pas de noir sur la poitrine. On la différencie de la Paruline à gorge grise par l'absence de cercle oculaire blanc. La Paruline à joues grises a également le dessus de la tête gris mais elle a la gorge jaune et son cercle oculaire est bien défini. **Voix :** Succession de notes roulées : *trruiiii, trruiiii, trruiiii, trruiiii, truiilou*. **Habitat :** Paruline des fourrés et des buissons, qui niche aussi à l'orée des bois, dans les clairières et dans les bois humides.

Paruline à gorge grise (plumage d'automne, p.180) 13-15 cm
Connecticut Warbler • *Oporornis agilis* • Parulidés   72C

Plutôt rare, cette paruline au capuchon gris est caractérisée, en tous plumages, par le cercle oculaire blanc. En plumage nuptial, le capuchon gris couvre la tête, la gorge et le haut de la poitrine du mâle. La femelle ressemble au mâle, mais son capuchon est plus brunâtre et moins défini. L'absence de bande noire sur la poitrine et la présence d'un cercle oculaire la distingue du mâle de la Paruline triste. La gorge jaune de la Paruline à joues grises la distingue de la Paruline à gorge grise dans tous les plumages. **Voix :** Un chant fort : *tchi-pu-ti, tchi-pu-ti, tchi-pu-ti* répété, mais la première strophe est plus faible. **Habitat :** Niche dans les tourbières à épinettes et mélèzes ainsi que dans les peuplements de pins gris au Québec.

Paruline du Canada   13-15 cm
Canada Warbler • *Wilsonia canadensis* • Parulidés   72D

Paruline au dessus du corps uniformément gris et au dessous jaune vif. Le mâle en plumage nuptial porte sur la poitrine une « rivière de diamants », formée de fines rayures verticales noires. Noter aussi les lunettes jaunes. Chez la femelle, le collier est estompé et peu visible. **Voix :** Un rapide staccato aux phrases irrégulières, précédé par un *tchip* d'introduction clair. **Habitat :** Niche dans les sous-bois buissonneux ainsi que dans les grands fourrés d'aulnes et de saules au bord de l'eau.

Paruline à joues grises

Paruline triste

Paruline à gorge grise

Paruline du Canada

Paruline à croupion jaune (pl. d'automne, p.182)   12-16 cm
Yellow-rumped Warbler • *Dendroica coronata* • Parulidés   ● 73A

Cette paruline est une des premières à revenir au printemps. Noter le jaune sur le croupion, le devant de l'aile et le dessus de la tête, et la poitrine marquée de noir chez le mâle en plumage nuptial. La gorge de la sous-espèce de l'ouest du continent est jaune. Plus terne, la femelle possède un plumage aux mêmes motifs que le mâle. La Paruline à tête cendrée a également le croupion jaune mais le dessous de son corps est entièrement jaune et rayé de noir. **Voix :** Trille lâche, aigu et modulé, qui peut ressembler à celui du junco, en moins monotone. **Habitat :** Niche dans les forêts coniférienne et les bois mixtes ; en migration, fréquente tous les habitats où poussent des arbres.

Paruline à tête cendrée (pl. d'automne, p.182)   10-13 cm
Magnolia Warbler • *Dendroica magnolia* • Parulidés   ● 73B

Paruline à la tête grise et au dessous du corps jaune vif, fortement rayé de noir sur la poitrine et les flancs. Noter aussi la joue noire, les grandes marques blanches sur les ailes et le croupion jaune. De dessous, la large bande blanche à mi-distance sur la queue sombre facilite l'identification. La femelle ressemble au mâle en plus terne, avec deux bandes blanches au lieu des taches alaires. **Voix :** Chant court, sifflé et très rythmé : *ouita-ouita-ouita-huit* ou *ouita-ouita-ouitchou*. **Habitat :** Niche dans les forêts coniférienne et les forêts mixtes ; en migration, on la retrouve dans divers habitats qui présentent une végétation ligneuse.

Paruline tigrée (pl. d'automne, p.182)   12-14 cm
Cape May Warbler • *Dendroica tigrina* • Parulidés   ● 73C

La joue marron et le dessous jaune rayé de noir caractérisent le mâle en plumage nuptial. Noter aussi le croupion jaune et les grandes taches blanches des ailes. Plus terne, la femelle a deux fines bandes alaires blanches et n'a pas de marron ; on remarque chez elle une tache jaune clair au-dessus de l'épaule, juste à la base de la nuque. **Voix :** Un *tsiit siit siit siit si* ténu. **Habitat :** Niche surtout en zones mixte et coniférienne, dans les sapinières et les peuplements d'épinettes blanches âgées. Fréquente divers habitats arborés en migration.

Paruline à couronne rousse (pl. d'automne, p.182)   13-15 cm
Palm Warbler • *Dendroica palmarum* • Parulidés   ● 73D

Noter la calotte rousse de cette paruline qui agite sans cesse la queue lorsqu'elle se déplace, généralement près du sol ou au sol. Le dessous du corps est jaune jusque sur les sous-caudales chez l'adulte en plumage nuptial. Sexes semblables. **Voix :** Un faible trille bourdonnant, aigu et assez rapide, *zui zui zui zui zui*. **Habitat :** Niche habituellement en zone boréale, dans les petits arbres au bord des tourbières.

Paruline à croupion jaune ♂ ♀

Paruline à tête cendrée ♂ ♀

Paruline tigrée ♂ ♀

Paruline à couronne rousse

Paruline flamboyante
American Redstart • *Setophaga ruticilla* • Parulidés

12-15 cm

74A

Paruline dont le mâle en plumage nuptial est noir avec des taches orangées sur le haut du flanc, l'aile et la queue. Capture des insectes en vol à la manière des moucherolles. Les taches de la queue et des ailes sont plutôt jaunes chez la femelle, au dos olive. Le mâle de première année ressemble à la femelle adulte. **Voix :** Chant peu musical à plusieurs variantes : un *zi zi zi zi zroui* rapide, un *tsi-tsi-tsi-tsi-ouittt* accentué sur la dernière note ou encore un *zoui zoui zoui zoui zoui* monotone. **Habitat :** Niche en grand nombre dans les forêts de feuillus et les bois en régénération ; généralement facile à observer.

Paruline à flancs marron (pl. d'automne, p.182)
Chestnut-sided Warbler • *Dendroica pensylvanica* • Parulidés

12-14 cm

74B

La calotte jaune vif et les flancs marron caractérisent le mâle en plumage nuptial ; ces traits sont moins prononcés chez la femelle. Noter également le bandeau noir à l'oeil et la moustache de même couleur, les deux bandes alaires jaune pâle, ainsi que le dessous du corps d'un blanc immaculé. **Voix :** Chant sifflé qu'on peut confondre avec celui de la Paruline jaune, mais aux notes moins variées et dont l'avant-dernière (plutôt que la dernière) est accentuée. On peut le transcrire en : *tiens-tiens-tiens-tiens où es-tu ?* **Habitat :** Niche dans les bois en régénération et les forêts de peupliers ; espèce commune.

Paruline à gorge orangée (pl. d'automne, p.182)
Blackburnian Warbler • *Dendroica fusca* • Parulidés

11-14 cm

74C

La gorge orangée du mâle en plumage nuptial caractérise cette paruline au dessus du corps noirâtre. Noter aussi la large bande blanche sur l'aile du mâle. La femelle ressemble au mâle, mais le motif orangé de la tête est beaucoup moins flamboyant ; noter cependant les bandes alaires blanches. **Voix :** Le chant, une série de *tsi* sur une tonalité ascendante, se termine souvent par une ou plusieurs notes très aiguës, à la limite de la perception de l'ouïe humaine : *tsi tsi tsi tsi tsi ii, dzii dzii dzii.* **Habitat :** Niche dans les forêts conifériennes ou mixtes ; le mâle chante souvent du sommet d'un grand conifère.

Paruline à poitrine baie (pl. d'automne, p.182)
Bay-breasted Warbler • *Dendroica castanea* • Parulidés

13-15 cm

74D

En plumage nuptial, la tête foncée du mâle est caractéristique. Noter le dessus marron de la tête et la tache rouille au cou qui déborde sur la gorge et les flancs. Deux bandes bien nettes ornent les ailes du mâle et de la femelle. Au printemps et en été, le plumage de la femelle est assez semblable à celui du mâle, en plus terne, notamment sur la tête. **Voix :** Le chant, un *siitzi siitzi siitzi siitzi,* aigu et sifflé, rappelle ceux de la Paruline noir et blanc et de la Paruline tigrée. **Habitat :** Niche dans les forêts conifériennes claires ; s'observe dans les clairières et les bois en regain.

Paruline flamboyante

♀

♂ 1er printemps

♂

Paruline à gorge orangée

♀

♂

Paruline à flancs marron

♀

♂

Paruline à poitrine baie

♀

Paruline noir et blanc
11-14 cm
Black-and-white Warbler • *Mniotilta varia* • Parulidés ● 75A

Paruline au plumage rayé de noir et de blanc; elle s'alimente en sillonnant les branches et les troncs comme les sittelles. La femelle ressemble au mâle en plumage nuptial, mais n'a ni les joues ni la gorge noires. Sexes semblables. **Voix:** Un *oui-si, oui-si, oui-si, oui-si*, rappelant le bruit d'une roue qui grince légèrement en tournant. **Habitat:** Niche dans les forêts de feuillus et les forêts mixtes.

Paruline rayée (plumage d'automne, p.182)
13-15 cm
Blackpoll Warbler • *Dendroica striata* • Parulidés ● 75B

Noter le motif noir et blanc de la tête, qui rappelle celui de la Mésange à tête noire sans son plastron noir. La femelle, au plumage plus terne, a le dessus de la tête finement strié, le dessus du corps gris olivâtre et le dessous jaunâtre. **Voix:** Un *tsi-tsi-tsi-tsi-tsi-tsi-tsi-tsi* ténu et faible, dont l'intensité augmente puis diminue. **Habitat:** Paruline typique de la pessière noire; niche dans les forêts conifériennes et dans les peuplements d'épinettes rabougries qui poussent en montagne.

Paruline couronnée
14-17 cm
Ovenbird • *Seiurus aurocapilla* • Parulidés ● 75C

Paruline brunâtre qui rappelle les grives par sa livrée et le fait qu'elle se tient près du sol. Toutefois, le dessous du corps est rayé plutôt que grivelé. Noter la couronne rousse bordée de raies sombres ainsi que le cercle oculaire blanc qui tranche nettement sur la face brunâtre. Sexes semblables. **Voix:** Le chant, rendu par: *ti-pié, Ti-Pié, TI-PIÉ*, est un crescendo puissant. **Habitat:** Niche sur le parterre des forêts de feuillus; généralement observée au sol ou perchée sur une branche basse.

Paruline des ruisseaux
13-15 cm
Northern Waterthrush • *Seiurus noveboracensis* • Parulidés ● 75D

Paruline brunâtre ressemblant à une petite grive; le ventre est rayé et la gorge l'est finement. Hoche constamment la queue en marchant. Le sourcil et le dessous du corps sont beiges, alors qu'ils sont blancs chez la Paruline hochequeue. Sexes semblables. **Voix:** Chant fort et rythmé, en trois parties, dont la finale est plus grave et plus rapide: *tui-tui-tui-tui, tiou-tiou-tiou, ouit-ouit-tiou.* **Habitat:** Niche dans les buissons denses au bord des cours d'eau, des lacs et des tourbières; fréquente également les forêts inondées ou humides.

Paruline hochequeue
15-16 cm
Louisiana Waterthrush • *Seiurus motacilla* • Parulidés ● 75E

Rare dans le Nord-Est, cette paruline méridionale est proche parente de la Paruline des ruisseaux, à laquelle elle ressemble, en plus gros et plus blanc. Noter le large sourcil blanc qui se prolonge nettement derrière l'oeil et le dessous blanc qui contraste avec les flancs ocreux. Le menton blanc est généralement dépourvu de marques foncées. Sexes semblables. **Voix:** Chant musical aux notes liées où apparaissent des sifflements clairs au début et un gazouillis à la fin. **Habitat:** Niche près des petits torrents en forêt de feuillus âgés.

Paruline noir et blanc

♂

♀

♂ hiver

Paruline rayée

♂

♀

Paruline couronnée

Paruline des ruisseaux

Paruline hochequeue

Paruline à gorge noire   12-14 cm
Black-throated Green Warbler • *Dendroica virens* • Parulidés ● 76A

Vue de dessous, la gorge noire du mâle en plumage nuptial est caractéristique. De côté, noter le jaune des joues, le dessus du corps verdâtre et les bandes alaires blanches. La femelle ressemble beaucoup au mâle mais le noir de la gorge ne descend pas aussi loin sur la poitrine. **Voix :** Chant sans véritables variantes : *zi zi zi zou zi* ou *zi zi zou zou zi* bourdonnant et rapide. **Habitat :** Niche dans les sapinières en zones boréale et mixte, ainsi que dans les prucheraies, pinèdes et cédrières dispersées dans les érablières de la zone décidue.

Paruline des pins (plumage d'automne, p.182)   13-15 cm
Pine Warbler • *Dendroica pinus* • Parulidés ● 76B

Chez le mâle en plumage nuptial, noter la poitrine jaune et les deux bandes alaires blanches bien nettes qui caractérisent cette paruline au dessus verdâtre. Le plumage de la femelle est semblable en plus terne ; le dessus de son corps est brunâtre et la poitrine, légèrement teintée de jaune. **Voix :** Trille monocorde semblable à celui du Bruant familier, mais plus lent et plus rond. **Habitat :** Niche dans les pinèdes âgées ; se nourrit à la cime des grands pins.

Paruline obscure (plumage d'automne, p.180)   11-13 cm
Tennessee Warbler • *Vermivora peregrina* • Parulidés ● 76C

Paruline terne : dessus du corps verdâtre, tête grise et sourcil blanc chez le mâle en plumage nuptial. La femelle est plus terne et le dessous de son corps est teinté de jaune. Les mouvements vifs de cette espèce et son bec fin de paruline la distingue des viréos, auxquels elle ressemble par sa livrée. **Voix :** Chant fort et rapide, en trois parties, commençant par deux séries de notes saccadées, de plus en plus fortes, et terminé habituellement par un trille, *tike-tike-tike-tike*, *suit-suit-suit*, *tititititi*. **Habitat :** Niche principalement en zone boréale, dans les pessières et les sapinières ; niche également en forêt mixte et fréquente les peuplements de feuillus intolérants et les friches.

Paruline verdâtre (plumage d'automne, p.180)   12-13 cm
Orange-crowned Warbler • *Vermivora celata* • Parulidés ● 76D

Paruline jaune verdâtre au plumage terne, sans caractères distinctifs, sauf de fines rayures sur la poitrine, qui la différencient notamment de la femelle de la Paruline obscure. Elle porte une calotte orangée généralement cachée et très difficile à voir sur le terrain. Sexes semblables. **Voix :** Trille lent à tonalité descendante vers la fin. **Habitat :** Observée surtout en migration dans les régions habitées ; niche en zone boréale dans les tourbières et les brûlés.

Paruline à gorge noire

♂ ♀

Paruline des pins

♂ ♀

Paruline obscure

♀ ♂

Paruline verdâtre

♂ ♀

Paruline jaune (voir p.168)   12-13 cm
Yellow Warbler

Très jaune; l'oeil noir contraste avec le jaune de la tête et la distingue de la Paruline verdâtre. Les marques jaune pâle sur la queue la différencient notamment de la Paruline à calotte noire, au dos également plus verdâtre. Les fines bandes alaires jaunes sont beaucoup moins apparentes que chez les parulines à bandes alaires blanches mais elles sont plus présentes que chez la Paruline à calotte noire.

Paruline à calotte noire (voir p.168)   11-13 cm
Wilson's Warbler

Petite paruline au dessous très jaune et au dessus verdâtre; le sommet de la tête est plus ou moins foncé. Diffère de la Paruline jaune par ses couleurs très uniformes.

Paruline verdâtre (voir p.178)   12-13 cm
Orange-crowned Warbler

Paruline au plumage foncé, verdâtre chez l'adulte et grisâtre chez l'immature, sans marques distinctives. La poitrine présente parfois des rayures à peine perceptibles. Les sous-caudales jaunes la distinguent entre autres de la Paruline obscure.

Paruline obscure (voir p.178)   11-13 cm
Tennessee Warbler

Les sous-caudales blanches la distinguent de la Paruline verdâtre. Noter aussi le sourcil assez net et le dessous pâle, sans traces de rayures. Le Viréo de Philadelphie lui ressemble, mais sa tête et son bec sont plus massifs, et le dessus de sa tête est plus grisâtre.

Paruline masquée (voir p.168)   12-14 cm
Common Yellowthroat

La gorge et la poitrine jaunes combinées au ventre blanchâtre caractérisent cette espèce en plumage d'automne. Le cercle oculaire de la femelle à l'automne est moins net et plus jaune que celui de la Paruline à joues grises.

Paruline à joues grises (voir p.170)   11-13 cm
Nashville Warbler

Dessus de la tête grisâtre; le cercle oculaire blanc et la gorge jaune la distinguent de la Paruline à gorge grise.

Paruline à gorge grise (voir p.170)   13-15 cm
Connecticut Warbler

Capuchon plus diffus et brunâtre à l'automne; le cercle oculaire blanc la distingue de la Paruline triste. De dessous, noter aussi les longues sous-caudales jaunes qui s'étendent presque jusqu'au bout de la queue.

Paruline triste (voir p.170)   12-14 cm
Mourning Warbler

Autre paruline à capuchon diffus à l'automne. Chez la femelle et l'immature, noter le cercle oculaire discontinu (complet chez la Paruline à gorge grise) et le jaune vif du dessous du corps qui s'étend jusqu'aux sous-caudales (moins longues que chez la Paruline à gorge grise).

Paruline jaune

Paruline à calotte noire

Paruline verdâtre

Paruline obscure

Paruline masquée

Paruline à joues grises

Paruline à gorge grise

Paruline triste

Paruline à croupion jaune (voir p.172)   12-16 cm
Yellow-rumped Warbler

Espèce très abondante. Noter le dessus du corps brunâtre et le croupion jaune caractéristique.

Paruline à tête cendrée (voir p.172)   10-13 cm
Magnolia Warbler

Présente du jaune sur le croupion. Noter le dos olivâtre, le dessous du corps jaune et le blanc sur les côtés de la queue noire.

Paruline tigrée (voir p.172)   12-14 cm
Cape May Warbler

Le jaune du croupion est moins vif que chez la Paruline à croupion jaune ou la Paruline à tête cendrée. Noter la poitrine rayée et jaunâtre, la couleur étant plus diffuse chez les femelles.

Paruline à couronne rousse (voir p.172)   13-15 cm
Palm Warbler

Hoche constamment la queue en se déplaçant. Les sous-caudales jaunâtres aident à la distinguer des Parulines à croupion jaune et tigrée.

Paruline à gorge noire (voir p.178)   12-14 cm
Black-throated Green Warbler

Noter le dos verdâtre et le jaune sur le côté de la tête. Il ne reste que quelques traces de noir à la gorge.

Paruline à gorge orangée (voir p.174)   11-14 cm
Blackburnian Warbler

La gorge jaune vif la distingue de la Paruline à gorge noire qui a, comme elle, du jaune sur le côté de la tête. Noter aussi le dos rayé.

Paruline à flancs marron (voir p.174)   12-14 cm
Chestnut-sided Warbler

L'immature et l'adulte en automne sont très différents de l'adulte au printemps. Noter le dessus verdâtre, le dessous blanchâtre, le cercle oculaire blanc et les larges bandes alaires jaunes.

Paruline à poitrine baie (voir p.174)   13-15 cm
Bay-breasted Warbler

Très difficile à distinguer en automne de la Paruline rayée et de la Paruline des pins. Noter cependant les sous-caudales beiges, les traces de marron parfois présentes sur les flancs et les pattes noires.

Paruline rayée (voir p.176)   13-15 cm
Blackpoll Warbler

Ressemble beaucoup à la Paruline à poitrine baie mais s'en distingue par le dessous jaunâtre finement rayé, les sous-caudales blanches et les pattes pâles.

Paruline des pins (voir p.178)   13-15 cm
Pine Warbler

Le dos uni diffère de celui de la Paruline à poitrine baie et de la Paruline rayée auxquelles elle ressemble beaucoup. Le ventre blanchâtre s'étend jusqu'aux sous-caudales. Noter aussi les pattes foncées ; elles sont pâles chez la Paruline rayée, qui a également les sous-caudales blanchâtres.

Paruline à croupion jaune

Paruline à tête cendrée

Paruline tigrée

Paruline à couronne rousse

Paruline à gorge noire

Paruline à gorge orangée

Paruline à flancs marron

Paruline à poitrine baie

Paruline des pins

Paruline rayée

Petits oiseaux granivores généralement bruns et rayés, qui fréquentent les endroits herbeux, buissonneux ou envahis de mauvaises herbes. Chez presque tous les bruants, le plumage est pratiquement identique chez le mâle et la femelle. En migration, plusieurs espèces s'arrêtent aux mangeoires et se laissent observer facilement. Comme pour les autres familles d'oiseaux, on a tout à gagner à se familiariser avec les espèces les plus communes. Prendre le temps de regarder à maintes reprises une espèce facile à observer procurera une plus grande maîtrise des critères d'identification des membres de la famille.

Les bruants ont des chants caractéristiques, tantôt sifflés et aigus comme celui du Bruant à gorge blanche, tantôt bourdonnants comme celui du Bruant des prés. La voix constitue une clé importante pour leur identification au cours de la saison de reproduction et il vaut la peine de bien l'étudier. Les espèces qui nichent en milieux ouverts ont généralement un chant plus grave, qui porte moins loin, que celles qui nichent en forêt.

Le plumage

Avec leurs larges raies noires et blanches sur la tête, le Bruant à gorge blanche et le Bruant à couronne blanche ne sont pas trop difficiles à identifier. C'est le cas également du Tohi à flancs roux et du Junco ardoisé qui, tous deux, portent un capuchon noir distinctif.

Bruant à gorge blanche

Junco ardoisé

Dans d'autres cas, certaines caractéristiques, comme la calotte rousse de quelques espèces, facilitent l'identification.

Bruant hudsonien

La silhouette

Chez d'autres bruants, le plumage n'est pas suffisant pour permettre d'identifier l'espèce avec certitude. Ainsi, le point foncé sur la poitrine du Bruant chanteur peut se retrouver chez le Bruant des prés. Il faut faire appel à d'autres critères d'identification, comme la silhouette, qui permet de distinguer fort aisément ces deux espèces.

La silhouette permet de créer la catégorie des espèces rondelettes à queue courte, comme le Bruant de Nelson.

Bruant de Nelson

Bruant chanteur

Bruant des prés

Alouette, Pipit et Sturnelle

Des espèces appartenant à d'autres familles ont un plumage brunâtre et partagent l'habitat des bruants; il est donc utile de les regrouper avec eux. Il s'agit de l'Alouette hausse-col, du Pipit d'Amérique et de la Sturnelle des prés, qu'on observe dans les champs.

Alouette hausse-col

Bruant à gorge blanche   16-18 cm
White-throated Sparrow • *Zonotrichia albicollis* • Embérizidés 🔘 77A

La gorge blanche bien nette, le dessus de la tête rayé de blanc et de noir et le point jaune devant l'oeil caractérisent cette espèce. Certains individus, indifféremment mâles ou femelles, ont des bandeaux beiges plutôt que blancs. Sexes semblables. Le juvénile a le menton gris ainsi que la poitrine et les flancs rayés. **Voix :** Chant composé de notes claires et sifflées, rendu par *où es-tu Frédéric, Frédéric, Frédéric* et accentué au début. **Habitat :** Niche dans les fourrés ainsi qu'à l'orée des forêts conifériennes et mixtes ; s'arrête aux mangeoires en migration.

Bruant à couronne blanche   17-19 cm
White-crowned Sparrow • *Zonotrichia leucophrys* • Embérizidés 🔘 77B

Élégant bruant au dessus de la tête marqué de raies noires et blanches chez l'adulte. Noter aussi le bec rosé, la gorge blanchâtre et la poitrine grise. Sexes semblables. L'immature observé en automne diffère de l'adulte par son aspect plus brun et sa tête rayée de beige et de brun roux. **Voix :** Chant composé de sifflements clairs, plus zézayés que ceux du Bruant à gorge blanche, se terminant par un trille sifflé, *veux-tu du poulet frit ?* **Habitat :** Niche dans la toundra forestière. En migration, fréquente les broussailles, l'orée des bois et les mangeoires.

Junco ardoisé   15-17 cm
Dark-eyed Junco • *Junco hyemalis* • Embérizidés 🔘 78

Les plumes externes blanches de la queue, particulièrement visibles à l'envol, permettent d'identifier facilement ce petit oiseau au plumage gris ardoisé. Noter aussi le bec rosé, le capuchon foncé et le dessous du corps blanc. La femelle ressemble au mâle en plus terne, tandis que le juvénile, en été, est rayé sur le dos, la tête et la poitrine. **Voix :** Trille métallique habituellement plus lâche et plus musical que celui du Bruant familier. **Habitat :** Niche dans les forêts conifériennes et mixtes. En migration et en hiver, on le retrouve dans divers habitats ; visite les mangeoires.

Tohi à flancs roux   19-22 cm
Eastern Towhee • *Pipilo erythrophthalmus* • Embérizidés 🔘 79

La large bande rousse sur les flancs et les yeux rouges identifient facilement tant le mâle que la femelle de cette espèce. Le mâle porte un capuchon noir de la même couleur que le dos, les ailes et le dessus de la queue ; les ailes et la queue sont marquées de blanc. La femelle adulte ressemble au mâle, mais avec un plumage plutôt brun. Le juvénile est rayé ; il a les ailes et la queue marquées de blanc comme l'adulte. **Voix :** *Tzui-cou-tii-ii-ii,* dont la dernière note est plus aiguë. Le cri : un *tou-ouiii* sonore. Émet aussi diverses autres notes, certaines sifflées ou roulées. **Habitat :** Niche en terrain sec, à l'orée des bois, dans les clairières et les friches envahies de buissons. Certains individus s'arrêtent parfois aux mangeoires en hiver.

Bruant à gorge blanche

forme à raies chamois

forme à
raies blanches

juvénile

immature

**Bruant à
couronne blanche**

♂

♀

Junco ardoisé

♂

juvénile

Tohi à flancs roux

♀

juvénile

♂

Bruant chanteur
15-18 cm

Song Sparrow • *Melospiza melodia* • Embérizidés   80A

Bruant au dos brun et au dessous pâle rayé qui porte un point foncé au centre de la poitrine. La longue queue arrondie caractérise la silhouette. Sexes semblables. Le jeune n'a pas de point foncé sur la poitrine. **Voix:** Chant cristallin, fort et rythmé, débutant par trois ou quatre notes détachées et terminé par une finale souvent étirée. **Habitat:** Fréquente les fourrés, l'orée des bois et les pâturages buissonneux; aussi présent dans les jardins et les terrains vagues, à la ville comme à la campagne.

Bruant des prés
13-17 cm

Savannah Sparrow • *Passerculus sandwichensis* • Embérizidés   80B

Bruant au plumage rayé et à la queue relativement courte et encochée. Chez certains, on remarque une petite tache jaune près de l'oeil ou une marque noire sur la poitrine. La sous-espèce *princeps*, qui niche à l'île de Sable, est plus pâle. Sexes semblables. **Voix:** Un zézaiement ténu et aigu qui commence par des strophes courtes, continue sur d'autres plus étirées, et baisse de tonalité vers la fin, *tsip-tsip-tsip tziiiiii-tsip.* **Habitat:** Niche dans les champs, les pâturages, les marais d'eau douce ou salée et sur les dunes.

Bruant vespéral
14-17 cm

Vesper Sparrow • *Pooecetes gramineus* • Embérizidés   80C

Les rectrices externes blanches permettent d'identifier ce bruant rayé à la queue courte et encochée. Noter aussi le cercle oculaire blanc et les épaulettes marron. Sexes semblables. **Voix:** Chant cristallin, un peu mélancolique, émis souvent à l'aube et au crépuscule, qui rappelle celui du Bruant chanteur. Le début se compose de deux paires de notes sifflées: *tiou-tiou, ki-ti.* **Habitat:** Niche dans les champs, les pâturages et les prés.

Bruant de Lincoln
14-15 cm

Lincoln's Sparrow • *Melospiza lincolnii* • Embérizidés   80D

La large bande ocre, en arc sur la poitrine finement rayée et les côtés, caractérise l'adulte. Noter la face grise de cet oiseau furtif. Sexes semblables. Le juvénile ressemble à l'adulte en plus foncé. **Voix:** Les notes enrouées et roulées sont répétées en strophes basses dont la tonalité monte et descend deux fois, *tchour tchour tchit tchit tchir zourrrr zourrr zourrr.* **Habitat:** Fréquente les tourbières et les endroits légèrement humides où poussent des saules et des aulnes.

Bruant fauve
17-19 cm

Fox Sparrow • *Passerella iliaca* • Embérizidés   80E

Gros bruant massif. Noter le roux sur la queue et les ailes, les taches rousses sur le ventre et la poitrine ainsi que les marques grises près du cou. Sexes semblables. **Voix:** Sifflement mélancolique très pur et mélodieux, dans lequel on retrouve souvent la strophe *pi-toui-ta.* **Habitat:** Niche surtout dans la taïga. Fréquente en migration les parterres forestiers où il fouille dans les feuilles mortes avec ses pattes.

Bruant chanteur

juvénile

Bruant des prés

race de l'île de Sable

Bruant vespéral

Bruant fauve

Bruant de Lincoln

juvénile

Bruant familier
Chipping Sparrow • *Spizella passerina* • Embérizidés
13-15 cm
81A

Petit bruant à calotte rousse et à poitrine grise. En été, noter le sourcil blanc, le bandeau noir sur l'oeil, ainsi que les joues et la nuque grises. En plumage d'hiver, le croupion gris permet de le distinguer du Bruant des plaines. Sexes semblables. Le jeune, au plumage rayé, a lui aussi le croupion gris caractéristique. **Voix :** Trille monocorde et un peu mécanique. **Habitat :** Niche dans les bois clairs, les clairières, les plantations de résineux, les vergers et les conifères d'ornement plantés près des habitations.

Bruant hudsonien
American Tree Sparrow • *Spizella arborea* • Embérizidés
15-16 cm
81B

Petit bruant à tête grise et à calotte d'un roux moins vif que celle du Bruant familier. Il se distingue de ce dernier par la présence d'un point noir sur la poitrine. Noter aussi la ligne rousse derrière l'oeil, la tache de la même couleur sur le côté de la poitrine et la nuque grise. De près, on voit le bec bicolore. Sexes semblables. **Voix :** Chant doux et musical aux notes claires, dont l'ensemble diminue en intensité. Chaque strophe est souvent répétée deux fois, *peti-ti-ti, tiou-tiou-ouip*. **Habitat :** Niche dans les buissons ou les arbres nains de la taïga. Fréquente les terrains vagues et les milieux ouverts en migration et en hiver ; visite les mangeoires.

Bruant des champs
Field Sparrow • *Spizella pusilla* • Embérizidés
13-15 cm
81C

Petit bruant au dos roussâtre, à calotte rousse et au bec rosé. Noter le mince cercle oculaire blanc et la face grise. En été, noter le rose du bec identifie aussi le jeune, à la poitrine finement rayée. Sexes semblables. **Voix :** Série de notes sifflées de plus en plus aiguës, accélérant en trille. **Habitat :** Fréquente les champs en friche et les pâturages envahis de buissons et d'arbustes.

Bruant des plaines
Clay-colored Sparrow • *Spizella pallida* • Embérizidés
13-14 cm
81D

Bruant couleur sable, à la poitrine claire et unie. Noter la joue brune, bien délimitée par une mince ligne foncée, ainsi que la nuque grise. Le croupion brun le différencie du Bruant familier, particulièrement en hiver. Sexes semblables. Les jeunes ressemblent aux adultes mais sont plus ocreux. **Voix :** Bourdonnement ressemblant à celui d'un insecte : *brii brrrii brrrii*. **Habitat :** Fréquente les pâturages, les champs où poussent des buissons et les jeunes plantations de conifères.

Bruant des marais
Swamp Sparrow • *Melospiza georgiana* • Embérizidés
13-15 cm
81E

Bruant des milieux humides à calotte rousse et à gorge pâle. Noter aussi le roux sur le dessus des ailes ainsi que la poitrine grise des adultes à la pariade. Sexes semblables. La calotte est rayée chez l'immature et le juvénile. **Voix :** Trille lâche plus lent et plus doux que ceux du Bruant familier et du Junco ardoisé : *suit suit suit suit*. **Habitat :** Niche aux abords des lacs, des étangs et des cours d'eau où on retrouve des plantes herbacées de grande taille.

Bruant familier

hiver

été

juvénile

hiver

été

Bruant hudsonien

juvénile

**Bruant
des champs**

Bruant des plaines

immature

juvénile

immature

Bruant des marais

juvénile

Bruant de Nelson
13-15 cm

Nelson's Sharp-tailed Sparrow • *Ammodramus nelsoni* • Embérizidés 🔘 82A

Petit bruant furtif et discret, à queue courte. Noter la coloration ocre des flancs, de la poitrine et de la face ainsi que la joue grise bien nette. La raie grise qui s'étend de la calotte jusque sur la nuque le distingue notamment du Bruant de Le Conte, qui a une calotte finement rayée. Sexes semblables. **Voix:** On entend ce bruant plus souvent qu'on ne le voit; son chant, *te-schiiiiiiiiiiiiiii-tchik*, ressemble au bruit d'une goutte d'eau tombant sur une surface métallique très chaude. **Habitat:** Fréquente les marais d'eau salée, particulièrement là où pousse la spartine, et les prés humides.

Bruant de Le Conte
11-14 cm

Le Conte's Sparrow • *Ammodramus leconteii* • Embérizidés 🔘 82B

Petit bruant à queue courte des terrains herbeux. Rarement perché au sommet de la végétation, il marche au sol plutôt que de s'envoler lorsqu'il est dérangé. Noter l'épais sourcil ocre de la même couleur que la poitrine, ainsi que la marque grise sur la joue. La calotte rayée et les marques marron sur la nuque le différencient du Bruant de Nelson, tandis que le petit bec et la tache grise sur la joue le distinguent du Bruant sauterelle. Sexes semblables. Le jeune, semblable à l'adulte, est plus ocre. **Voix:** Le chant, *brii bzziiii-iiii*, ressemble au cri d'un insecte et n'est pas très fort. **Habitat:** Niche dans les prés humides, les marais à carex, les champs de foin abandonnés ainsi que dans les arbustes qui croissent en bordure des marais et des tourbières.

Bruant sauterelle
12-14 cm

Grasshopper Sparrow • *Ammodramus savannarum* • Embérizidés 🔘 82C

Ce petit bruant trapu et à queue courte fréquente les milieux herbeux. Sa tête aplatie lui donne une silhouette bien particulière. Noter la poitrine et les flancs ocre, sans rayures, et le lore généralement orangé. Le Bruant des prés est plus élancé et sa poitrine et ses côtés sont fortement rayés. Le Bruant sauterelle diffère du Bruant de Le Conte par l'absence de sourcil ocre et de tache grise à la joue. Sexes semblables. Chez le jeune, la poitrine et les côtés sont rayés de brun. **Voix:** Le chant débute par deux notes de faible intensité et se termine par un rapide bourdonnement sec: *pi-top zriiiiiiiiiiiiiii*. **Habitat:** Niche dans les champs abandonnés, les champs de foin et les pâturages.

Bruant de Henslow
12-14 cm

Henslow's Sparrow • *Ammodramus henslowii* • Embérizidés 🔘 82D

Ce petit bruant à queue courte et à tête aplatie est rare au Canada. Il diffère du Bruant sauterelle par sa poitrine rayée et le marron sur ses ailes. Noter aussi la nuque verdâtre qui le distingue de tous les autres bruants à queue courte. Sexes semblables. **Voix:** Un *tsi-luc* avec l'accent placé sur la deuxième syllabe. **Habitat:** Niche dans les champs abandonnés et les champs de foin.

Bruant de Nelson

Bruant de Le Conte

juvénile

Bruant sauterelle

juvénile

Goglu des prés
automne

Bruant de Henslow

Bruant des neiges
15-19 cm
Snow Bunting • *Plectrophenax nivalis* • Embérizidés   83A

Bruant au plumage brun et blanc en hiver, qui se déplace souvent en grandes bandes. Le mâle est noir et blanc en été. En vol, noter les ailes blanches marquées de noir aux extrémités. **Voix :** Cri : un *tiou* sifflé ainsi qu'un crépitement mélodieux ou une série de *tiriou* légers et sifflés. **Habitat :** Niche dans l'Arctique ; autant en migration qu'en hiver, fréquente les milieux ouverts, comme les labours, les champs, le bord des routes et les dunes.

Bruant lapon
15-18 cm
Lapland Longspur • *Calcarius lapponicus* • Embérizidés   83B

Parfois repéré dans une bande de Bruants des neiges. On le distingue à son plumage plus brun, à la tache marron sur la nuque du mâle en plumage d'hiver ainsi qu'à l'absence de blanc sur les ailes. En plumage nuptial, le mâle ne ressemble à aucun autre bruant ; la femelle s'identifie par le marron sur la nuque et la bande foncée sur le haut de la poitrine. **Voix :** Le cri est un simple *tiou* ; le chant est musical et vigoureux. **Habitat :** Niche dans l'Arctique ; en migration et en hiver, se tient dans les champs, sur les rivages et dans d'autres milieux ouverts.

Alouette hausse-col
17-20 cm
Horned Lark • *Eremophila alpestris* • Alaudidés   84

Oiseau brunâtre au motif particulier sur la tête : croissant noir sur la joue et gorge jaune délimitée par un plastron noir. Les aigrettes sont absentes chez les juvéniles. Noter le vol très léger et le contraste entre le dessous noir de la queue et le ventre blanc. Sexes semblables. **Voix :** Cascade de notes très douces et cristallines, hésitantes au début puis accélérées vers la fin, *tout petit petit pti pti ti ti iiii*. **Habitat :** Observée au bord des routes à la fin de l'hiver ; niche en milieux ouverts, dans la toundra, les labours, les champs cultivés et sur les rivages.

Pipit d'Amérique
15-18 cm
American Pipit • *Anthus rubescens* • Motacillidés   85

De la taille d'un bruant, ce passereau brunâtre au dessous du corps beige rosé et au bec fin se voit généralement alors qu'il marche au sol, hochant sans cesse la queue. Noter les rectrices externes blanches, bien visibles en vol. Sexes semblables. **Voix :** Le cri est un *djit* ténu, répété rapidement à quelques reprises. **Habitat :** Niche dans la toundra ; se tient dans les labours, les champs et le long des rivages en migration.

Sturnelle des prés
22-28 cm
Eastern Meadowlark • *Sturnella magna* • Ictéridés   86

Noter le croissant noir sur la poitrine jaune vif de cet oiseau brunâtre au bec long et effilé. Les plumes blanches des côtés de la queue courte permettent de l'identifier facilement en vol. Sexes semblables. Le jeune n'a pas le croissant noir sur la poitrine. **Voix :** Le chant, *tiou-lu ti-u*, est sifflé et plaintif ; l'oiseau émet aussi un bruit de crécelle. **Habitat :** Fréquente les champs et les prés, particulièrement là où l'herbe est haute.

Bruant des neiges

♀ hiver

♂ hiver

♂ été

Bruant lapon

♀ hiver

♂ hiver

♂ été

Alouette hausse-col

Pipit d'Amérique

été

hiver

Sturnelle des prés

juvénile

MOINEAU, DICKCISSEL ET JASEURS

Malgré leur ressemblance, moineau et dickcissel appartiennent à des familles différentes. Petit oiseau brunâtre introduit au XIXe siècle, le moineau est le seul représentant de la famille des Passéridés dans nos régions. Granivore originaire de l'Ouest, le Dickcissel d'Amérique est rarement observé dans nos régions. Essentiellement frugivores, les jaseurs sont des passereaux huppés au plumage brunâtre et soyeux. Les extrémités des plumes secondaires sont ornées de pointes de cire rouge.

Jaseur d'Amérique

Moineau domestique

CARDINAUX, TANGARA, ORIOLE ET PASSERIN

Oiseaux dont les mâles en plumage nuptial sont vivement colorés. Les femelles ont un plumage très différent et plus terne. Chez le cardinal, dont le gros bec est particulièrement adapté à la diète granivore, le mâle et la femelle chantent.

Cardinal rouge

Passerin indigo

Oriole de Baltimore

FRINGILLIDÉS

Plusieurs membres de cette famille sont des visiteurs assidus aux mangeoires. Ces granivores possèdent un bec puissant permettant de briser les graines dont ils se nourrissent. Les becs-croisés, le durbec, les sizerins et le tarin sont de véritables nomades qui se déplacent de façon imprévisible.

Bec-croisé des sapins

Chardonneret jaune

Gros-bec errant

Roselin pourpré

Durbec des sapins

Moineau domestique
15-17 cm

House Sparrow • *Passer domesticus* • Passéridés   ● 87

Petit oiseau brun bien connu dans les villes. Le bec noir, le dessus de la tête gris et la bavette noire permettent d'identifier le mâle en plumage nuptial. En automne et en hiver, la bavette est délavée et le bec est pâle. On identifie la femelle, plus terne, principalement à sa poitrine unie et à son sourcil beige. Le juvénile ressemble à la femelle. **Voix :** Une série de *chirp* émis par le mâle. **Habitat :** Oiseau typique des villes et des fermes, on le retrouve avant tout près des habitations, en milieu urbain comme à la campagne.

Dickcissel d'Amérique
15-18 cm

Dickcissel • *Spiza americana* • Cardinalidés

Petit oiseau brunâtre aux épaulettes marron, dont le mâle en plumage nuptial a la poitrine jaune marquée d'une bavette noire. Cette bavette, plus pâle en hiver, est absente chez la femelle et l'immature qui ressemblent au Moineau domestique et s'en distinguent par le jaune sur la poitrine et le sourcil. En tous plumages, les épaulettes marron permettent d'identifier cette espèce. **Voix :** Généralement silencieux lorsqu'il passe à l'automne. Chant : quelques notes liées et peu mélodieuses sur deux tonalités. Il semble dire son nom : *dick-dick-ciss-ciss-ciss*. **Habitat :** Niche dans les champs cultivés de l'ouest du continent. Dans nos régions, ce visiteur est habituellement observé en automne, souvent aux mangeoires.

Jaseur d'Amérique
17-20 cm

Cedar Waxwing • *Bombycilla cedrorum* • Bombycillidés   ● 88A

Cet élégant oiseau couleur caramel, huppé et masqué de noir, présente un plumage d'aspect soyeux. La bande jaune à l'extrémité de la queue est présente autant chez l'adulte que chez le juvénile. Plus petit que le Jaseur boréal, on le distingue facilement par les sous-caudales blanchâtres et le ventre jaunâtre. Sexes semblables. Le juvénile, plus gris, a le ventre rayé. **Voix :** Plainte susurrée, quelque peu trillée à l'occasion : *ziiii ziiii ziiii* ou *zriiii zriiii zriiii*. **Habitat :** Fréquente les bois clairs, les vergers, les jardins et divers habitats ouverts où il trouve les petits fruits dont il s'alimente. Capture aussi des insectes en vol, un peu à la manière des moucherolles.

Jaseur boréal
19-22 cm

Bohemian Waxwing • *Bombycilla garrulus* • Bombycillidés   ● 88B

Ce jaseur partage beaucoup de traits avec le Jaseur d'Amérique : huppe, masque noir, plumage soyeux et extrémité de la queue jaune. Il s'en distingue par le motif jaune et blanc sur les ailes ; plus gros et plus rondelet que le Jaseur d'Amérique, il est aussi plus grisâtre, et, en tous plumages, on le reconnaît à ses sous-caudales marron. Sexes semblables. Le juvénile au dos plus brun que l'adulte a la gorge pâle, le ventre rayé et les ailes marquées de blanc. **Voix :** Un *zritt* plus rauque que celui du Jaseur d'Amérique. **Habitat :** Niche dans les forêts conifériennes ou mixtes claires de l'Ouest ; il se déplace en bandes en hiver, recherchant les arbres fruitiers.

Moineau domestique

♂ été

♀ été

♂ hiver

Dickcissel d'Amérique

♂ été

♂ hiver

♀ été

Jaseur d'Amérique

juvénile

Jaseur boréal

juvénile

Cardinal rouge
19-24 cm
Northern Cardinal • *Cardinalis cardinalis* • Cardinalidés ● 89A

Le mâle est entièrement rouge. Noter la face noire, la huppe et le gros bec rouge. La femelle au plumage havane, marqué de rouge sur la queue et les ailes, a aussi le bec rouge. Les jeunes diffèrent de la femelle par leur bec noirâtre. **Voix :** Plusieurs sifflements forts et répétés, émis autant par la femelle que le mâle, *tsiu tsiu piou-piou-piou-piou*. Cri : un *tchip* métallique. **Habitat :** Fréquente les zones urbaines boisées, les parcs, les jardins, les haies, les fourrés et l'orée des bois. Vient aux mangeoires.

Tangara écarlate
17-19 cm
Scarlet Tanager • *Piranga olivacea* • Thraupidés ● 90

Le mâle en plumage nuptial est unique : corps écarlate, ailes et queue noires. La femelle est verdâtre, tout comme l'immature. En plumage d'hiver, le mâle ressemble à la femelle mais il a les ailes plus foncées. Le plumage est plus ou moins maculé de rouge chez le mâle en mue. **Voix :** Le chant est celui d'un Merle d'Amérique qui serait enroué. Le cri, *thic-burr*, est très distinctif. **Habitat :** Fréquente les forêts décidues et mixtes âgées.

Cardinal à poitrine rose
18-22 cm
Rose-breasted Grosbeak • *Pheucticus ludovicianus* • Cardinalidés ● 89B

Oiseau au gros bec fort. Le mâle, noir et blanc, porte une tache vermillon sur la poitrine. La femelle, brune et rayée, ressemble à un gros bruant ; on l'identifie à l'épais sourcil blanc, aux bandes alaires blanches et au gros bec. En vol, noter les sous-alaires rosées du mâle et jaunes de la femelle. **Voix :** Chant sifflé rappelant celui du Merle d'Amérique mais plus mélodieux et aux notes plus liées. Cri : un *tchink* métallique. **Habitat :** Fréquente les forêts de feuillus et mixtes ainsi que les bois en régénération.

Oriole de Baltimore
18-23 cm
Baltimore Oriole • *Icterus galbula* • Ictéridés ● 91

Oiseau orange et noir. Le mâle porte un capuchon noir ; noter le dessus noir de la queue et les ailes noires marquées de blanc. La femelle a le dessus du corps olivâtre et le dessous jaune orangé. Noter les deux bandes alaires blanches. **Voix :** Sifflement mélodieux et enjoué, assez varié. Aussi, caquetage où se mêlent des notes rauques. **Habitat :** Niche dans les grands arbres isolés ; se tient également près des cours d'eau bordés d'arbres et dans les quartiers des villes où poussent de grands arbres.

Passerin indigo
13-15 cm
Indigo Bunting • *Passerina cyanea* • Cardinalidés ● 92

En plumage nuptial, le mâle a le corps entièrement bleu. La femelle est uniformément brune, avec le dessous plus pâle. Les jeunes mâles ont le plumage bleu maculé de brun. **Voix :** Joyeux gazouillis aux notes généralement doublées, plus court que le chant du Chardonneret jaune, et dans lequel on retrouve souvent la strophe *clin-clin* insérée au milieu ou à la fin. **Habitat :** Fréquente les clairières, les secteurs en regain et les endroits où se mêlent buissons et grands arbres.

Cardinal rouge

♂

juvénile

♀

Tangara écarlate

♂ en mue

♀

♂ 1er automne

Cardinal
à poitrine rose

♂

♂

♀

♂

Oriole de Baltimore

♀

♀

♂ 1er printemps

♂

Passerin indigo

Durbec des sapins
Pine Grosbeak • *Pinicola enucleator* • Fringillidés

23-25 cm
◉ 93

Oiseau rondelet, à petit bec robuste et fort, caractérisé, en tous plumages, par la présence de deux bandes alaires blanches sur les ailes noires. Le mâle adulte est rougeâtre tandis que la femelle adulte et l'immature sont plutôt gris. **Voix:** Le cri consiste en un *tiou-diou* fort et sifflé. Le chant musical s'apparente à celui du Roselin pourpré, mais plusieurs strophes semblent répétées. **Habitat:** Niche dans les forêts conifériennes claires; on le rencontre dans les feuillus et les arbres fruitiers en automne et en hiver.

Bec-croisé des sapins
Red Crossbill • *Loxia curvirostra* • Fringillidés

14-17 cm
◉ 94A

Oiseau rouge aux mandibules croisées; le mâle diffère du Bec-croisé bifascié par les ailes unies. La femelle et l'immature sont plutôt jaunâtres. Le juvénile est fortement rayé et brunâtre; il n'a pas de bandes alaires blanches. **Voix:** Crie *djip djip* et produit une série de notes riches plutôt sifflées et plus douces que le chant du Bec-croisé bifascié. **Habitat:** Niche en forêt boréale, où il s'alimente principalement des graines de conifères.

Bec-croisé bifascié
White-winged Crossbill • *Loxia leucoptera* • Fringillidés

15-17 cm
◉ 94B

En tous plumages, cet oiseau aux mandibules croisées se reconnaît aux bandes blanches sur les ailes noires. Le mâle adulte est rougeâtre tandis que la femelle et l'immature sont plutôt jaunâtres. Le juvénile est brun et fortement rayé. **Voix:** Le cri est un *tchik tchik* sec où se glissent des notes plus douces. Aussi longue série de notes saccadées et rythmées, ressemblant à celles du Tarin des pins. **Habitat:** Niche en forêt boréale, où il s'alimente surtout des graines de conifères.

Roselin pourpré
Purple Finch • *Carpodacus purpureus* • Fringillidés

14-16 cm
◉ 95A

Petit oiseau couleur framboise. La femelle, brune et rayée, est caractérisée par une tache brune bien nette sur le côté de la tête. **Voix:** Gazouillis rapide et enjoué, moins aigu mais plus long que celui du Roselin familier. **Habitat:** Niche dans les forêts conifériennes et mixtes; fréquente notamment les parcs et les jardins en hiver et s'observe aux mangeoires.

Roselin familier
House Finch • *Carpodacus mexicanus* • Fringillidés

13-14 cm
◉ 95B

Plus petit que le Roselin pourpré; un bandeau rouge orangé orne la tête du mâle qui a des raies brunes sur le côté et le dessous du corps. La femelle est brune et rayée; elle n'a pas de marques distinctives sur la tête comme la femelle du Roselin pourpré. L'immature est semblable à la femelle. **Voix:** Un gazouillis se terminant par un *dri-ur* enroué, caractéristique de l'espèce. **Habitat:** Nouveau venu dans le Nord-Est, ce roselin est particulièrement présent près des habitations, nichant dans les plantes grimpantes et les arbres d'ornement et s'alimentant souvent aux mangeoires.

Durbec des sapins

♀

♂ immature

♂

Bec-croisé des sapins

♀

♂

♂ immature

juvénile

Bec-croisé bifascié

♀

♂ immature

♂

juvénile

Roselin pourpré

♀

♂

♀

♂

Roselin familier

Sizerin flammé
11-15 cm

Common Redpoll • *Carduelis flammea* • Fringillidés   96

Petit oiseau rayé, gris-brun, au dessus de la tête rouge et au menton noir. Les mâles ont la poitrine plus ou moins rosée. Les femelles ressemblent aux mâles mais n'ont pas la poitrine colorée. **Voix:** Cri: *suii-it* moins grave que celui du Tarin des pins. Émet aussi un cliquetis rapide en vol. **Habitat:** Niche dans la toundra. Observé en hiver dans les régions habitées où il se nourrit de graines d'aulne ou de bouleau; visite les mangeoires.

Sizerin blanchâtre
11-15 cm

Hoary Redpoll • *Carduelis hornemanni* • Fringillidés

Plus rare que le Sizerin flammé auquel il ressemble beaucoup, en plus pâle; les individus typiques semblent givrés tellement leur plumage est blanc et le brun du dos est délavé. Noter aussi le bec un peu plus petit ainsi que les flancs, les sous-caudales et le croupion blancs. **Voix:** Généralement silencieux en hiver. **Habitat:** Niche dans l'Arctique; se mêle parfois à une bande de Sizerins flammés venus se nourrir à une mangeoire en hiver.

Tarin des pins
11-13 cm

Pine Siskin • *Carduelis pinus* • Fringillidés   97

Petit oiseau brunâtre, fortement rayé, au bec pointu. Noter les bandes jaunes, plus ou moins étendues selon les individus; ces bandes sont bien visibles sur les ailes des oiseaux en vol ou chez ceux qui tentent d'intimider leurs voisins aux mangeoires. **Voix:** Gazouillis plus rauque que celui du Chardonneret jaune. Cri: un *zrrriiiiiii* bourdonnant et ascendant. **Habitat:** Niche dans les forêts conifériennes et mixtes; en hiver, fréquente les forêts et les champs et se tient souvent en bandes aux mangeoires.

Chardonneret jaune
11-14 cm

American Goldfinch • *Carduelis tristis* • Fringillidés   98

En plumage nuptial, le mâle est facile à identifier avec son plumage jaune vif et sa calotte noire. Noter aussi le bec orangé, les ailes et la queue noires ainsi que le blanc des sous-caudales et des sus-caudales. La femelle a le dessus du corps olivâtre et le dessous jaunâtre en été. En hiver, les deux sexes ressemblent à la femelle en été. Le jeune ressemble à la femelle. **Voix:** Babillage enjoué et prolongé qui rappelle celui d'un canari. Le mâle émet un *pe-ti-ti-diou* caractéristique durant le vol au parcours sinusoïdal. **Habitat:** Fréquente les champs, l'orée des bois et le bord des routes en été; visite les mangeoires en toutes saisons.

Gros-bec errant
18-22 cm

Evening Grosbeak • *Coccothraustes vespertinus* • Fringillidés   99

Oiseau à gros bec, vivement coloré. Le mâle au plumage surtout jaune et noir a la tête brune marquée d'une bande jaune contrastée; le dessus des ailes noires porte une grande tache blanche. La femelle est grisâtre; elle a également du blanc sur les ailes noires. **Voix:** Criard et bavard; le cri consiste en une série de *tchirp* perçants. **Habitat:** Niche en forêt coniférienne ou mixte. Observé dans les parcs urbains et aux mangeoires en hiver.

Sizerin flammé

♂ été

♀ hiver

♂ hiver

♀ été

Sizerin blanchâtre

Tarin des pins

juvénile

Chardonneret jaune

♂ hiver

♀ été

♂ été

juvénile

♀ hiver

♀

Gros-bec errant

♂

♂

GUIDES D'IDENTIFICATION

KAUFMAN, Kenn. *Birds of North America*. Boston: Houghton Mifflin, 2000, 384 p.

NATIONAL GEOGRAPHIC SOCIETY. *Guide d'identification des oiseaux de l'Amérique du Nord*. 3ᵉ éd. Saint-Constant: Broquet, 2002, 480 p.

PAQUIN, Jean. *Guide photo des oiseaux du Québec et des Maritimes*. Waterloo: Éditions Michel Quintin, 2003, 480 p.

PAQUIN, Jean. *Oiseaux du Québec et des Maritimes*. Illustrations: Ghislain Caron. Waterloo: Éditons Michel Quintin, 1998, 390 p.

SIBLEY, David Allen. *The Sibley Field Guide to Birds of Eastern North America*. New York: Alfred A. Knopf, 2003, 433 p.

SIBLEY, David Allen. *The Sibley Guide to Birds*. New York: Alfred A. Knopf, 2000, 544 p.

STOKES, Donald W. et Lilian Q. *Guide des oiseaux de l'est de l'Amérique du Nord*. L'Acadie: Broquet, 1997, 471 p.

OUVRAGES GÉNÉRAUX

ELPHICK, Chris, John B. DUNNING jr et David Allen SIBLEY (dir.). *The Sibley Guide to Bird Life & Behavior*. Illustrations: David Allen Sibley. New York: Alfred A. Knopff, 2001, 608 p.

KAUFMAN, Kenn. *Lives of North American Birds*. Boston: Houghton Mifflin, 1996, 675 p.

STOKES, Donald W. et Lilian Q. *Nos oiseaux: tous les secrets de leur comportement*. Montréal: Les Éditions de l'Homme, 1989-1990, 3 v.

CANADA

GODFREY, W. Earl. *Les Oiseaux du Canada*. Éd. rev. Ottawa: Musée national des sciences naturelles; Musées nationaux du Canada, 1986, 650 p.

HUGHES, Janice M. *The ROM field guide to the birds of Ontario*. Toronto: Royal Ontario Museum; McClelland & Stewart, 2001, 416 p.

Guide des sites

FINLAY, J.C. (dir.). *A Bird-Finding Guide to Canada*. Éd. rev. Toronto: McClelland & Stewart, 2000, 449 p.

QUÉBEC

CYR, André et Jacques LARIVÉE. *Atlas saisonnier des oiseaux du Québec*. Sherbrooke: Presses de l'Université de Sherbrooke; Société de loisir ornithologique de l'Estrie, 1995, 711 p.

DAVID, Normand. *Liste commentée des oiseaux du Québec*. Montréal: Association québécoise des groupes d'ornithologues, 1996, 169 p.

GAUTHIER, Jean et Yves AUBRY (dir.). *Les oiseaux nicheurs du Québec: Atlas des oiseaux nicheurs du Québec méridional.* Montréal: Association québécoise des groupes d'ornithologues; Société québécoise de protection des oiseaux; Service canadien de la faune, Environnement Canada, région du Québec, 1995, 1295 p.

Guides des sites et ouvrages régionaux

ARTIGAU, Jean-Pierre. *Sites ornithologiques de l'Outaouais.* Hull: Club des ornithologues de l'Outaouais, 1996, 43 p.

BANNON, Pierre. *Où et quand observer les oiseaux dans la région de Montréal.* Montréal: Société québécoise de protection des oiseaux; Centre de conservation de la faune ailée de Montréal, 1991, 364 p.

BUIDIN, Christophe et Yann ROCHEPAULT. *Où observer les oiseaux sur la Côte-Nord?* Baie-Comeau: Club d'ornithologie de la Manicouagan, 2004, 230 p.

CLUB des ornithologues de la Gaspésie inc. et Activa environnement inc. *Guide des sites ornithologiques de la Gaspésie.* Percé: Club des ornithologues de la Gaspésie inc., 2004. 246 p.

DAVID, Normand. *Les meilleurs sites d'observation des oiseaux au Québec.* Sillery: Québec Science, 1990, 311 p.

DENAULT, Samuel. *25 jours d'observation d'oiseaux.* Montréal: Tricycle, 2001, 93 p.

FRADETTE, Pierre. *Les oiseaux des Îles-de-la-Madeleine: populations et sites d'observation.* L'Étang-du-Nord: Attention Frag'îles, Mouvement pour la valorisation du patrimoine naturel des Îles, 1992, 292 p.

HARNOIS, Marcel et Claude DUCHARME. *À la découverte des oiseaux de Lanaudière.* Joliette: Société d'ornithologie de Lanaudière, 1997, 297 p.

LARIVÉE, Jacques. *Chronobiologie des oiseaux du Bas-Saint-Laurent. Migration et reproduction.* Pointe-au-Père: Club des Ornithologues du Bas-St-Laurent, 1993, 160 p.

LEPAGE, Denis. *L'observation des oiseaux en Estrie: les meilleurs sites, les périodes favorables.* Sherbrooke: Société de loisir ornithologique de l'Estrie, 1993, 290 p.

OTIS, Pierre, Louis MESSELY et Denis TALBOT. *Guide des sites ornithologiques de la grande région de Québec.* Québec: Club des Ornithologues de Québec, 1993, 300 p.

SAVARD, Germain et Claudette CORMIER. *Liste annotée des oiseaux du Saguenay-Lac-St-Jean.* Jonquière: Club des ornithologues amateurs du Saguenay - Lac-St-Jean, 1995, 175 p.

SOCIÉTÉ ORNITHOLOGIQUE DU CENTRE DU QUÉBEC. *L'observation des oiseaux au lac Saint-Pierre (Guide des sites).* Drummondville: Société ornithologique du Centre du Québec, 1988, 243 p.

VAN DE WALLE, Édith. *Liste annotée des oiseaux de l'Abitibi.* Rouyn-Noranda: Société du loisir ornithologique de l'Abitibi, 1997, 151 p.

MARITIMES

ERSKINE, Anthony J. *Atlas of Breeding Birds of the Maritime Provinces.* Halifax: Nimbus Publishing; Nova Scotia Museum, 1992, 270 p.

NOUVEAU-BRUNSWICK

CHRISTIE, David S. *et al. Oiseaux du Nouveau-Brunswick: une liste commentée.* Saint John: Musée du Nouveau-Brunswick, 2004, 93 p.

Guides des sites et ouvrages régionaux

Birding in the Moncton Area. Moncton: Moncton Naturalists' Club, 1996, 27 p.

CHRISTIE, David S. *Des pies et des pipines. Les oiseaux du parc national Fundy et des environs.* Alma: Guilde de Fundy, 1991, 33 p.

DALZELL, Brian. *Grand Manan Birds. A Checklist with Occurence Graphs and a Site Guide.* 3ᵉ éd. North Head: Grand Manan Tourism Association, 1991, 56 p.

LUSHINGTON, Mike. *Finding the Birds of Restigouche County.* Dalhousie: Hachey Impression, 2001, 44 p.

Les oiseaux de la Péninsule acadienne. Lamèque: Club de Naturalistes de la Péninsule acadienne, 1994, 16 p.

Liste d'identification des oiseaux / Bird Checklist. Edmundston: Club d'ornithologie du Madawaska ltée, 1995, 40 p.

SAINT JOHN NATURALISTS' CLUB. *Finding Birds around Saint John.* Saint John: Saint John Naturalists' Club, 2000, 33 p.

NOUVELLE-ÉCOSSE

TUFTS, Robie W. *Birds of Nova Scotia.* 3ᵉ éd. Halifax: Nimbus Publishing; Nova Scotia Museum, 1986, 478 p.

Guides des sites et ouvrages régionaux

COHRS, J. Shirley. *et al. Birding Nova Scotia* 3ᵉ éd. Halifax: The Nova Scotia Bird Society, 1991, 86 p.

ÎLE-DU-PRINCE-ÉDOUARD

HOGAN, Geoff. *Familiar birds of Prince Edward Island,* Charlottetown: Ragweed, 1991, 152 p.

Guides des sites et ouvrages régionaux

HOGAN, Geoff. *25 of the best, easy to reach birding spots on Prince Edward Island.* Charlottetown: The Bird's Eye Nature Store, 1989, 32 p.

Y

Z

X

Plage 1 : Plongeons
  a. Plongeon huard : *cris variés*
  (*trémolos, plaintes*) (p. 28)
  b. Plongeon catmarin : *cris variés* (p. 28)

Plage 2 : Cormoran
  Cormoran à aigrettes :
  cris dans une colonie (p. 28)

Plage 3 : Grèbes
  a. Grèbe esclavon : *cri* (p. 30)
  b. Grèbe jougris : *cris* (p. 30)
  c. Grèbe à bec bigarré : *chant, cris* (p. 30)

Plage 4 : Canards plongeurs
  a. Eider à duvet : *cri du mâle (femelle à*
  l'arrière plan) (p. 40)
  b. Harelde kakawi : *cris du mâle* (p. 40)
  c. Grand Harle : *cri du mâle,*
  cri de la femelle (p. 44)
  d. Garrot à œil d'or : *cris du mâles,*
  sifflement des ailes (p. 46)
  e. Érismature rousse : *cri du mâle* (p. 46)

Plage 5 : Cygne et Oie
  a. Cygne siffleur : *cris* (p. 48)
  b. Oie des neiges : *cris d'oiseaux en vol et*
  cris au sol (p. 48, 50)

Plage 6 : Bernaches
  a. Bernache du Canada : *cris d'oiseaux*
  en vol, mâle et femelle en duo (p. 50)
  b. Bernache cravant : *cris d'oiseaux*
  en vol (p. 50)

Plage 7 : Canards barboteurs 1
  a. Canard noir : *cri de la femelle* (p. 56)
  b. Canard chipeau : *cri du mâle,*
  cri de la femelle (p. 52, 56)
  c. Canard pilet : *cri du mâle,*
  cri de la femelle (p. 52, 56)
  d. Canard colvert : *cri du mâle,*
  cri de la femelle (p. 52, 56)
  e. Canard souchet : *cri du mâle* (p. 52)

Plage 8 : Canards barboteurs 2
  a. Sarcelle d'hiver : *cri du mâle,*
  cri de la femelle (p. 54, 58)
  b. Sarcelle à ailes bleues : *cri du mâle,*
  cri de la femelle (p. 54, 58)
  c. Canard d'Amérique : *cri du mâle,*
  cri de la femelle (p. 54, 58)
  d. Canard branchu : *cri du mâle,*
  cri de la femelle (p. 54, 58)

Plage 9 : Gallinule
  Gallinule poule-d'eau : *cris* (p. 62)

Plage 10 : Foulque
  Foulque d'Amérique : *cris* (p. 62)

Plage 11 : Râles
  a. Râle de Virginie : *cris variés* (p. 62)
  b. Marouette de Caroline : *cris variés* (p. 62)
  c. Râle jaune : *cri* (p. 62)

Plage 12 : Grue
  Grue du Canada : *cris en duo*
  et cris en vol (p. 64)

Plage 13 : Hérons
  a. Grand Héron : *cris* (p. 64)
  b. Butor d'Amérique : *cri* (p. 68)
  c. Petit Blongios : *cris* (p. 68)
  d. Héron vert : *cris* (p. 68)
  e. Bihoreau gris : *cri en vol* (p. 68)

Plage 14 : Pluviers
  a. Pluvier argenté : *cris* (p. 72)
  b. Pluvier bronzé : *cris* (p. 72)
  c. Pluvier siffleur : *cris* (p. 72)
  d. Pluvier semipalmé : *cris* (p. 72)
  e. Pluvier kildir : *cris variés* (p. 72)

Plage 15 : Barges
  a. Barge hudsonienne : *cris* (p. 74)
  b. Barge marbrée : *cris* (p. 74)

Plage 16 : Courlis
  Courlis corlieu : *cris* (p. 74)

Plage 17 : Chevaliers
  a. Chevalier semipalmé : *cris* (p. 74)
  b. Grand Chevalier : *cris* (p. 76)
  c. Petit Chevalier : *cris* (p. 76)
  d. Chevalier solitaire : *cris* (p. 76)
  e. Chevalier grivelé : *cris* (p. 76)

Plage 18 : Limicoles de taille moyenne
  a. Bécasseau à échasses : *cris* (p. 76)
  b. Bécasseau à poitrine cendrée :
  cris (p. 78)
  c. Maubèche des champs : *chant, cri* (p. 78)
  d. Bécasseau maubèche : *cris* (p. 78)

Plage 19 : Bécassins
  a. Bécassin roux : *cri* (p. 80)
  b. Bécassin à long bec : *cri* (p. 80)

Plage 20 : Bécassine et Bécasse
  a. Bécassine de Wilson : *parade en vol,*
  cris (p. 80)
  b. Bécasse d'Amérique : *cri,*
  parade en vol (p. 80)

CRÉDITS (CD AUDIO)

Lang Elliott : Tous les sons d'oiseaux (chants, cris et autres) présentés sur le CD audio ont été enregistrés par Lang Elliott, sauf les sons indiqués ci-dessous.

Monty Brigham : Pluvier semipalmé, Barge marbrée, Petit Chevalier, Bécasseau semipalmé, Bécasseau de Baird, Bécassin à long bec, Pie-grièche grise, Hirondelle à ailes hérissées, Viréo de Philadelphie, Jaseur boréal, Bruant lapon.

Monty Brigham et Kevin J. Colvert : Mouette de Bonaparte.

Monty Brigham et Ted Miller : Bécassin roux.

Heather Chaffey : Eider à duvert.

Kevin J. Colver : Aigle royal, Pluvier bronzé, Bécasseau minuscule, Bécasseau d'Alaska, Chouette épervière, et Bec-croisé des sapins.

Jean Dubois et Chris Daboll : Bécasseau variable.

Bill Evans : Barge hudsonienne, Paruline à ailes dorées (cri), Paruline obscure (cri), Paruline verdâtre (cri), Paruline tigrée (cri), Paruline bleue (cri), Paruline à gorge orangée (cri), Paruline à couronne rousse (cri), Paruline à poitrine baie (cri), Paruline rayée (cri), Paruline flamboyante (cri), Paruline triste (cri), Bruant vespéral (cri), Bruant sauterelle (cri), Bruant de Le Conte (cri) et Bruant des neiges (chant).

Richard Fyfe et Kevin J. Colver : Faucon pèlerin

Stewart D. MacDonald : Harelde kakawi, Plongeon catmarin, Tournepierre à collier, Bécasseau maubèche, Phalarope à bec large, Harfang des neiges.

Ted Miller : Bécasseau à échasses.

Henri Ouellet : Bécasseau violet.

Direction : Daniel Jauvin et Jean Paquin
Narration : Pierre Verville
Édition numérique : Logo Musique
Éditrice : Johanne Ménard